나와지구
돌봄 혁명

나와 지구 **돌봄 혁명**

2025년 9월 15일 제1판 1쇄 인쇄
2025년 9월 25일 제1판 1쇄 발행

지은이   김만권
그린이   구정인
펴낸이   김상미, 이재민

편집   송미영
디자인   김다다

종이   다올페이퍼
인쇄   청아디앤피
제본   우성제본

펴낸곳   (주)너머_너머학교
주소   서울시 서대문구 증가로20길 3-12 1층
전화   02)336-5131, 335-3366, 팩스 02)335-5848
등록번호   제313-2009-234호

ISBN 979-11-92894-80-5 44300
ISBN 978-89-94407-98-2 44300(세트)

https://blog.naver.com/nermerschool
페이스북 @nermerschool 인스타그램 @nermerschool

너머북스와 너머학교는 좋은 서가와 학교를 꿈꾸는 출판사입니다.

나와 지구
돌봄 혁명

김만권 글 | 구정인 그림

너머학교

혐오와 재난의 시대에
사랑에 대한 이야기를 쓰고 싶었다.
지금 여기 모든 말들은
사랑에 대한 이야기다.
늘 믿는다.
깊고 넓은 오랜 사랑은 현실이 된다고.
우리가 함께 만든다면,
더 깊고 넓은 오랜 사랑이 되리라고.
그 사랑이 '돌'아올 '봄'이 되리라고.

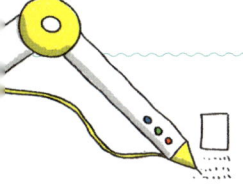

세 가지 삶의 조건,
그리고 돌봄

철학이란, 정치철학이란?

안녕하세요, 정치철학자 김만권이에요. 우선 이렇게 찾아 준 모든 분에게 고개 숙여 감사드려요. 지금부터 저는 여러분과 '돌본다는 것'이 무엇인지 함께 이야기 나누어 보려 해요. 그래서 '어떻게 이 이야길 해야 할까?' 고민하다가, 제가 공부하는 정치철학이 다루는 일에서 시작해 보면 좋겠다는 생각이 들었어요.

'정치철학.' 여러분께 조금 생소한 분야죠? 사실 이런 분야가 있다는 걸 들어 본 이들도 이 분야에서 구체적으로 무슨 일을 하는지 대부분 막연해하더라고요. 그래서 여러분께 익숙한 '철학'에서 출발해 보려 해요. 여러분, 철학은 어떤 일을 할까요? 가장 오래되고 가장 널리 알려진 대답은 철학이 '진리를 탐구하는 일'이라는 거예요.

그렇다면 철학은 왜 진리를 탐구하려 할까요? '진리 그 자체'가 가치가 있는 것이라서? 맞는 말이에요. 우리는 그 자체로 가치 있는 것을 추구하려는 성향이 있죠. 하지만 진리 탐구로서 철학의 역사를 따라가 보면, 거기엔 진리가 우리의 삶을 좀 더 풍요롭게 할 것이라는 생각이 숨어 있어요.

'지혜에 대한 사랑', 진리 탐구를 의미하는 '철학'(philosophy)을 지금의 모습으로 자리 잡게 한 이는 고대 그리스의 철학자 플라톤이에요. 그런데 플라톤이 '진리'를 열심히 탐구하게 된 데에는 이유가 있었어요. 플라톤이 살던 도시국가 아테네는 경쟁 도시국가인 스파르타와 펠로폰네소스 전쟁을 치르고 패배하여 정치적으로 매우 혼란스러웠어요. 전쟁에서 승리한 스파르타는 자신들을 따르는 30인을 참주로 임명해 아테네를 통치하게 했죠. 하지만 스파르타가 소아시아 정벌에 실패한 뒤 아테네에 다시 민주정이 들어섰어요. 새로운 민주정은 스파르타에 충성했던 참주 30인과 그 관련자들에 대한 복수심에 불타오르고 있었어요.

이 와중에 '소크라테스'라는 현자가 법정에 기소되어 사형당하는 일까지 일어났어요. 참주 30인 중 한 명인 알키비아데스라는 젊은 정치인이 소크라테스의 제자였기 때문이죠. 르네상스 시대 화가 라파엘로 산치오가 그린 「아테네 학당」(1509~1511)을 보면 소크라테스와 알키비아데스가 나란히 있어요. 죽은 뒤 2000년 후에 그려진 그림에 다정하게 등장할 정도로 둘의 인연이 깊었다는 거죠. 실제 소크라테스가 법정에 기소되었을 때 죄목 중 하나가 '젊은이를 타락시킨다.'라는 거였어요.

그 혼란한 시절에 이 사태를 지켜보며 고뇌에 찬 젊은이가 있었는데, 그가 바로 플라톤이었어요. 플라톤은 어떻게 하면 좀 더 질서 있는 정치공동체를 만들 수 있을까 고민했고, 그 해결책을 '진리 위에 지은 정치공동체'에서 찾았어요.

플라톤은 진리의 속성이 '영원한 것', '변하지 않는 것'이기에, 변하기 쉬운 의견이나 믿음 위에 정치공동체를 세우는 것보다 훨씬 안정적일 거라 여겼죠. 그래서 플라톤이 『국가』에서 예로 들고 있는 사례가 '이상 국가', 바로 철인왕이 통치하는, 진리 위에 선 정치공동체인 거예요. 한마디로, '진리를 따라 정치체제를 지을 수 있다면, 모두가 더 안정적이고 질서 있는 삶을 누릴 수 있을 거다.'라는 발상이었죠.

여기서 알 수 있듯이, 진리는 그 자체로 탐구 대상이기도 하지만 인간이 진리를 탐구해 온 근본적인 욕망엔 '더 나은 삶에 대한 희망', 플라톤의 말을 빌리자면 '더 질서 있는 삶에 대한 희망'이 있음을 볼 수 있어요. 이걸 좀 더 쉬운 말로 옮겨 보면, 철학은 '잘 사는 게 무엇이고, 그런 삶은 어떻게 실현할 수 있는가?'에 대한 질문을 다룬다고 할 수 있어요.

정치철학은 바로 이런 '잘 산다는 것, 그런 삶이 실현되는 곳'이 정치공동체라는 기본 전제를 바탕으로 같은 질문을 다루고 있어요. 플라톤의 예를 통해 보았듯, 진리 탐구에 대한 욕망과 질서 있는 삶에 대한 욕망이 자연스럽게 어울리는 게 정치철학이에요. 돌아보면, 철학의 시작에 정치철학이 있었던 거죠.

21세기 정치철학이 고민하는 세 가지 '삶의 조건' 변화

플라톤 이야기에서도 알 수 있듯, 철학 특히 정치철학은 철학자나 정치철학자들이 자신이 살았던 시대를 고민한 결과물이에요. 시대마다, 장소마다 인간이 누리는 삶의 조건은 달라요. 예를 들어, 서양에서 중세는 '신'의 시대였어요. 세계의 중심에 신이 있었고, 인간은 신의 말씀에 복종해야 하는 종속적 존재였죠. 이 시대에 제일 중요한 건 신의 말씀이었기에, 신의 말씀을 해석하는 자, 바로 교황과 가톨릭교회가 가장 큰 권력을 누렸어요. 왕도 교황에게 파문당하면 힘을 쓸 수 없었죠.

반면 근대는 '인간'의 시대였죠. 15세기부터 등장한 신교와 가톨릭 교회 사이에서 신의 말씀을 어떻게 해석할 것인지를 두고 종교개혁과 종교전쟁이 벌어졌어요. 하지만, 이 일로 너무 큰 피해가 생기자 정치는 '신'과 결별해요. 인간의 시대가 시작된 거죠. 이때 생겨난 가장 중요한 발견이 '인간의 권리'예요. 신 대신 인간이 갖는 권리가 사람들을 보호할 수 있도록 한 거죠. 미국이 영국으로부터 독립을 선언한 「독립선언문」(1776)과 프랑스 대혁명이 일어난 뒤 포고된 「인간과 시민의 권리 선언」(1789)은 '인권의 시작'을 알리는 사건이었죠.

이 두 사건 이후 정치철학이 해 온 가장 중요한 일 중 하나가 '시대가 변함에 따라 정치공동체에 어떤 권리가 필요한지' 파악하고, '그 권리를 실현하기 위해 어떻게 자원을 분배할 것인지' 판단하는 일이에요. 이와 관련해서 가장 대표적인 저서가 미국의 정치철학자 존 롤스(1921~2002)의 『정의론』이죠. 이 책에서 롤스는 20세기 후반 자유롭고 민주적인 정치체제에서 삶을 누리는 가장 기본적인 조건으로 어떤 권리가 필요한지, 그 권리를 어떤 순서로 분배할지에 관해 이야기해요. 다양한 인종, 여성, 가난한 사람들로 권리가 확장되던 시기, 근본적인 삶의 조건 변화에 대한 고민을 담고 있죠.

지금 우리가 살아가는 21세기에도 정치철학이 심각하게 고민하는 세 가지 삶의 근본적인 조건 변화가 일어나고 있어요. 첫째, 기후변화, 둘째, 인구 감소, 셋째, 디지털 기술 발전이 만드는 격차죠.

먼저 기후변화부터 잠시 이야기해 볼까요. 여러분은 매년 여름마다 나오는 '올해 여름이 제일 덥다.' 같은 기사에 익숙할 거예요. '폭염 일수 기록 경신, 열대야 일수 기록 경신, 시간당 강우량 기록 경신' 같은 뉴스도 빠지지 않죠. 문제는 이런 기후변화가 재난으로 이어진다는 거예요. 해마다 폭염, 산불, 가뭄, 홍수, 슈퍼태풍 같은 재난이 인간과 동물의 목숨을 앗아가고 있어요.

인구 감소도 마찬가지예요. 산업혁명 이후 인간이 만든 체제는 대부분 인구가 늘어날 거라는 사실을 전제로 지어졌어요. 산업혁명 이후 인구가 줄어든 적이 없기 때문이죠. 예를 들어 경제체제가 그래요. 인구가 늘어난다는 건 기본적으로 잠재적 수요가 늘어난다는 뜻이죠. 잠재적 수요가 늘어나면 투자가 뒤따르고 경제활동이 활발해지는 결과로 이어질 거예요. 반면, 인구가 줄어든다는 건 잠재적 수요가 줄어들고, 자연스럽게 투자가 위축되고 경제가 침체되는 결과로 이어지지요.

디지털 기술의 발전이 만드는 격차 역시 그래요. 기술은 그저 기술인데 어떻게 격차를 만드냐고요? 디지털 기술이 무척 빠른 속도로 발전하면서, 이 속도를 감당할 수 있는 소수와 그렇지 못한 다수 간에 격차가 심하게 벌어지고 있어요. 21세기에 들어와 흔히 쓰는 표현인 '2

대8 사회', '1대99 사회'는 이런 격차가 얼마나 넓게, 그리고 빠르게 커지는지 잘 보여 주지요. 이처럼 어느 사회에서 부나 소득이 한쪽에 심하게 편중되면, 그 사회는 경제적으로 소비력이 떨어지고 전체적으로 활력을 잃을 수밖에 없어요. 아무리 부자라도 한 개인이 소비할 수 있는 데는 한계가 있기 때문이죠. 이에 더하여 너무 큰 격차에서 생겨나는 불만 때문에 한 사회의 정치적 안정성까지 흔들릴 수 있어요. 21세기 민주주의가 우파 포퓰리즘(보수적인 성향의 정책을 펼침으로써 대중의 인기를 끌려는 정치적 태도나 경향) 때문에 위기 상황에 놓인 건 우연이 아니에요.

사실 지금까지 이야기한 변화는 이미 잘 알려져 있어요. 조금이라도 관심이 있다면 누구나 체감할 수 있는 변화들이죠. 그렇다면 우리는 이 같은 엄청난 삶의 조건 변화에 잘 대응할 준비가 되어 있을까요? 여러분은 어떤가요?

미래 세대를 위한, 미래 세대를 걱정하는 이들을 위한 '돌봄' 지침서

이 책은 이런 변화에 맞선 우리의 궁극적 해결책이 '돌봄 사회', '돌봄 국가'로의 전면적 전환에 있다는 메시지를 담고 있어요. '돌봄'이 기후 변화, 인구 감소, 디지털 기술이 만드는 격차라는 변화에 대응하는 데 가장 중요한 공통분모라는 이야기예요.

누군가는 이렇게 말할 수도 있어요. "뭐? 돌봄이 정말 그런 일을 할 수 있어?" 만약 이런 생각이 든다면 그건 우리의 편견 때문이에요. 돌아보면 대다수 사람들에게 지금까지 돌봄이란 '집 안에 갇혀 있는 가치이자 행위'였어요. 흔히 돌봄을 '가족이 어린 자식이나 늙은 부모, 혹은 아픈 식구를 보살피는 일' 정도로 여기곤 하죠. 하지만, 돌봄의 의미와 역할은 그 이상이에요. 돌봄은 '나'를 의미 있는 삶을 사는 존재로, '공동체'를 가치 있는 삶을 살 수 있는 곳으로, '지구'를 '나'와 '공동체'가 어우러져 더 풍요로운 삶을 살 수 있는 기본 터전으로 여기는 일이에요.

이 책은 이런 메시지를, 특히 '미래 세대'에 전하려 해요. 미래 세대야말로 기후변화, 인구 감소, 디지털 기술 발전의 격차가 만드는 모든 부담과 가장 오래 씨름하며 살아갈 당사자니까요.

한편으로 '미래 세대'에 가해질 모든 부담에 책임을 느껴야 할 '기성 세대'에게도 '돌봄'이란 메시지를 전달하고 싶어요. 기성세대가 마음껏 배출한 탄소의 부담을, 너무 많은 기성세대가 너무 적은 미래 세대에 지우는 부양의 부담을, 기술 발전이 만든 격차를 해소하지 못한 채

지우는 경쟁의 부담을 걱정하고 책임지려는 어른들이 함께 무엇을 고민해야 할지 이야기해 보고 싶어요.

정리하자면, 새로운 변화 앞에서 엄마·아빠와 아들·딸이, 할아버지·할머니와 손녀·손자가 함께 읽고 문제 해결의 필요성을 함께 절실히 느꼈으면 하는 바람을 담고 있어요. 그리고 그 해결책을 돌봄에서 찾아보자고 제안하고 있어요.

어떠세요? 준비되셨나요? 이제부터 기후변화, 인구 감소, 디지털 기술의 발전이 만드는 격차 문제를 하나하나 살펴보고, 그 대응책으로 돌봄의 의미와 역할에 대해 알아볼까요?

1

'다시 짓는 돌봄'
이란?

우리는 앞으로 기후변화, 인구 감소, 기술 발전이
우리에게 미치는 영향에 대해 알아볼 거예요.
또 그 영향에 대응하는 가장 중요한 해결책으로서
'확장된 돌봄'의 중요성을 살펴보려 해요.
이를 위해 우선 다음 질문에 답할 필요가 있어요.

"'돌본다는 것'은 어떤 의미일까?"

이를 위해 널리 퍼져 있는 돌봄에 대한 편견부터
먼저 살펴보려 해요. 또 편견에서 벗어나려면
돌봄을 어떻게 바라보아야 할지 이야기할 거예요.

'돌봄'의 의미

'돌봄'은 영어로 'care(케어)'라고 해요. 케임브리지 사전에서 'care'의 정의를 찾아보면, "사람이나 사물을 보호하고 그 사람이나 사물이 필요로 하는 것을 제공하는 과정"이라고 나와 있어요.[1] 우리는 흔히 돌봄의 대상을 사람으로 보는데, 사전적 정의를 보면 사물도 포함이 되어 있음을 알 수 있어요. 아주 크게 보면 '자연과 지구'도 돌봄의 대상이 될 수 있다는 거죠.

그런데 영어 단어 'care'의 어원적 뿌리를 찾아보면 슬픔, 걱정, 근심과 같은 의미가 있어요. 시간이 지나면서 '누구를, 무엇을 돌보다'는 의미와 '누군가를, 무언가를 좋아하거나 관심을 가지다'는 의미가 더해 졌죠. 그러니까 자신이나 타인의 슬픔, 걱정, 근심에 관심을 가지고 보살피는 일이 '돌봄'의 뜻이에요. 유럽의 여러 복지국가에서도 '돌봄'을 유사한 의미로 정의해요. 덴마크어와 스웨덴어에서 'care'를 의미하는 단어인 'omsorg(옴조이)'와 네덜란드어 단어 'zorg(조르흐)'는 모두 독일어 단어 'sorge(조거)'에서 유래했는데, '걱정하다', '보살피다', '조심하다', '간호하다' 등의 의미가 담겨 있어요. 에스파냐어에서 돌봄을 뜻하는 단어 'cuidado(쿠이다도)'는 라틴 문화권에서 일상적으로 널리 쓰는 말인데, '비공식적인 돌봄과 자기 돌봄, 책임과 관심, 위험의 예측과 예방, 건강과 웰빙을 지향하는 윤리적 태도' 등의 의미를 모두 포함해요. 영어 및 독일어 계열보다 '돌봄'이 훨씬 넓은 개념으로 쓰이는 거죠.[2]

'돌봄'이라는 개념이 '일'의 영역에서 쓰이면, 이를 '돌봄 노동'이라 불러요. 일반적으로 '돌봄 노동'은 좁게는 '간호', 조금 더 넓게는 '복지'와 연관되어 있어요. 예를 들어, 영어 저작에서 '간호에서 돌봄(care in nursing)'이라든지 '돌봄과 복지(care and welfare)'란 표현이 같이 쓰이는 걸 흔히 볼 수 있죠. 특히 복지와 연관해서 '어린이 돌봄(child care)'이라는 개념이 있는데, 일이나 다른 이유로 부모가 자리를 비울 때 아이들을 대신 보살피는 일을 의미해요. 이처럼 '돌봄 노동'은 삶을 유지하고 더 편안하게 만드는 일과 관련이 깊어요. 한마디로 '돌봄'은 누군가

에 닥친 신체적, 정신적 어려움을 이해하고, 실질적인 도움을 주는 행위예요.[3]

실제로 21세기 초반까지 많은 이들이 돌봄을 이런 돌봄 노동의 방식으로 이해했어요. 예를 들어 미국의 사회학자 메리 데일리(1928~2010)는 돌봄을 "스스로 돌볼 수 없는 사람을 보살피는 일을 의미한다. 이는 병자, 노인, 의존적인 어린이를 돌보는 데 관련된 활동과 관계로 정의될 수 있다."[4]고 했어요. 우리가 흔히 알고 있는 돌봄에 대한 이해 방식을 그대로 표현하고 있지요.

돌봄에 대한 능력주의적 편견

여러분은 '돌봄'이란 말을 들을 때, 어떤 이미지가 떠오르나요? 아마 방금 살펴본 메리 데일리의 정의와 크게 다르지 않을 거예요. 대다수가 어린이 혹은 노인에 대한 보살핌, 아프거나 장애가 있는 사람에 대한 보살핌을 떠올리죠.

이런 이미지가 그냥 생겨난 건 아니에요. 실제로 많은 국가가 돌봄의 대상을 이렇게 규정하고, 이에 따라 돌봄 체계를 설계하죠. 우리나라 역시 마찬가지예요. 예를 들어 우리나라 헌법을 살펴볼까요? 현행

헌법은 '돌봄을 받을 수 있는 권리'를 국민의 기본권으로 명확히 규정하고 있어요. 이 규정은 제34조에서 찾아볼 수 있는데, 특히 4항과 5항이 의무로서 돌봄을 해야 할 대상자를 명확히 규정하고 있죠.

제34조
① 모든 국민은 인간다운 생활을 할 권리를 가진다.
② 국가는 사회보장·사회복지의 증진에 노력할 의무를 진다.
③ 국가는 여자의 복지와 권익의 향상을 위하여 노력하여야 한다.
④ **국가는 노인과 청소년의 복지향상을 위한 정책을 실시할 의무를 진다.**
⑤ **신체장애자 및 질병·노령 기타의 사유로 생활능력이 없는 국민은 법률이 정하는 바에 의하여 국가의 보호를 받는다.**

헌법 제34조는 기본권의 일부인 사회권, 쉽게 말해 복지에 대한 권리를 규정하는 조항이에요. 여기에 '의무적' 복지의 대상이 되는 사회적 약자를 규정하고 있어요. 자, 명확히 보이죠? '노인, 청소년, 장애인 및 질병을 앓는 국민.' 여러분, 여기에 우리가 돌보아야 할 아주 중요한 존재가 빠져 있어요. 보이나요? 바로 어린이예요. 놀랍죠? 어떻게 빠지게 된 걸까요? 이들을 권리의 주체로 보지 않았기 때문일까요? 정황으로 보아 청소년에 아동이 포함되어 있다고 보아야겠죠? 여성의 경우엔 3항에 복지와 권익 향상이 명시되어 있지만, '노력하여야 한다.'라는 표현에서 파악할 수 있듯 의무적 대상은 아니에요. 실제로 우리나라 복지 체계는 4항과 5항에 규정된 대상을 중심으로 구축되어 있어요.

우선, '아동 혹은 노인에 대한 보살핌'부터 살펴볼까요? 모든 인간이 태어나고, 늙어 가는 존재라는 점에서 보살핌에 대한 이런 이미지는 당연한 듯 보여요. 이 생각이 구체적으로 드러나는 게 '생산가능인구'와 '부양비'라는 용어예요. '생산가능인구'는 '만 15세 이상에서 만 64세에 이르는 사람'을 말하는데, 이 용어에는 '누군가를 부양할 수 있다.'라는 의미가 들어 있어요. 달리 말해, 0~14세의 어린이, 65세 이상의 노인은 '누군가의 부양을 받아야 한다.'라는 의미죠. 그래서 부양비는 생산가능인구 1명이 그렇지 않은 0~14세, 65세 이상의 인구 몇 명을 부양해야 하는지를 뜻해요. 이처럼 '생산가능인구'라는 용어는 '보살핌을 하는 집단'과 '보살핌을 받는 집단'을 명확하게 나누고 있어요. 이게 우리가 돌봄에 대해 지니고 있는 '압도적인' 이미지이기도 해요.

실제로 정책도 이런 이미지에 맞춰 만들어졌어요. 예를 들어, '아동수당'과 '노인 기초연금'이 대표적인 정책이에요. 아동수당은 0~7세의 모든 아동에게 매월 10만 원씩 지급되는 지원금이에요. 아동 1인당 960만 원을 7년에 걸쳐 나누어 지급하는 제도죠. '노인 기초연금'은 65

세 이상의 노인 중 대략 소득 하위 70%를 대상으로 연금을 지급하는 제도예요. 2025년을 기준으로 1인의 경우 대략 34만 4,000원을, 부부의 경우 최대 54만 9,600원을 지급하고 있어요. 7세 이하 어린이에게는 보편적 급여가, 65세 이상 노인에게는 보편적 급여로 보아도 좋을 정도로 지원이 제공되는 거죠.

돌봄에 대한 또 다른 이미지는 '아픈 사람 혹은 장애가 있는 사람에 대한 보살핌'이에요. 이것 역시 '생산가능인구'라는 말과 은연중에 깊은 연관이 있어요. 생산활동을 중요하게 여기는 사회일수록, 생산활동을 하지 못하는 사람들을 사회 밖으로 밀어내는 경향이 있어요. 이들을 사회에 도움이 되지 않는다고 여기고, 우리가 '일방적'으로 도움을 줘야 한다고 생각하기 때문이에요. 이처럼 아프거나 장애가 있어 생산력이 없거나 낮은 집단일수록, 그래서 보살핌의 방향이 '일방향'이라고 느낄수록, 우리는 보살핌을 받는 집단을 귀찮아하거나 심지어 필요 없는 이들로 여기곤 해요.

이런 편견은 생산가능인구 집단 내에서도 드러나요. 0~14세 미만의 아동은 성장하며 생산력이 왕성해지는 집단이지만, 65세 이상의 노인은 점차 생산력이 저하되는 집단이에요. 그래서 아동에게 들어가는 보살핌은 좋은 '투자'라고 여겨 아까워하지 않지만, 65세 이상 노인에 대한 보살핌은 소모적이라 여기는 경향이 생겨나요. 그나마 우리 사회에서 65세 이상 노인 집단이 영향력을 갖는 이유는 민주주의 제도인 '투표' 때문이에요. 한 표가 아쉬운 정치인들이 투표 성향이 높은 노인 집단에 여러 혜택을 주는 이유지요. 정치적 이유를 떠나 생산력 차원에서 봐도, 65세 이상 노인에 대한 보살핌은 65세 이전에 열심히 일해서 생산에 이바지한 데 대한 보답으로 여겨지기도 해요.

이처럼 돌봄을 '생산능력'이란 기준으로 바라본다면, 돌봄의 비용을 대는 집단과, 돌봄을 받는 집단으로 일단 나누어지게 되요. 그리고 돌봄의 비용을 대는 집단에겐 돌봄 활동을 하는 이들을 낮추어 보는 경향이 나타나요. 돌봄 활동을 가치 없는 대상에게 하는 활동이라 여기기 때문이죠. 이로 인해 결과적으로 돌봄의 비용을 대는 이, 돌봄을 하는 이, 돌봄을 받는 이라는 세 계층이 일종의 계급적 서열을 이루며 존재할 수밖에 없어요.

돌봄은 여성이 가정에서 하는 일이란 편견

'돌봄'에 대한 또 다른 이미지는 '가정 내에서 하는 일'이라는 거예요. 아이를 기르는 일, 노인들을 보살피는 일, 아프거나 장애가 있는 식구들을 보살피는 일은 물론, 다양한 집안일인 '가사'가 여기에 포함되죠. 흔히 쓰는 '가사를 돌본다.'라는 표현을 떠올리면 금세 이해할 수 있을 거예요. 이렇게 '가정 안'의 일로 한정하면서 보살핌은 자연스레 '여성의 몫'이 되었어요.

산업사회 형성 시기로 한정해서 보면, 남성이 가장으로서 집 밖에서 생활 비용을 벌어오고, 여성이 '집 안'을 보살피는 일종의 분업이 이루어졌어요. 특히 '안정적인' 산업사회에서 이런 분업이 가능했던 데에는 이유가 있어요. 우선 산업사회가 발전하면서 대다수 남성 노동자의 임금이 가족을 부양할 수 있을 만큼 올랐기 때문이에요. 남성 노동자의 임금만으로도 중산층 생활을 할 수 있었다는 거죠. 둘째, 완전고용 체계가 작동했다는 거예요. '완전고용'이란 모든 사람이 고용되어 있다는 게 아니라, 일자리를 잃더라도 실업급여 등을 받으며 일정 기간 기다리면 다시 일자리를 되찾을 수 있다는 뜻이에요. 그만큼 일자리가 안정적이라는 거죠. 이런 조건 덕분에 가정 밖에서 임금을 버는 활동을 남성이 하고 가정을 보살피는 일을 여성이 하는 분업이 이루어질 수 있었어요.

사실 이런 분업은 산업사회 전의 신분제 사회에서도 있었어요. 남성이 집 밖의 일, 여성이 집 안의 일을 맡는다는 틀은 비슷했지만, 신분제 사회에서 이런 부담을 떠맡은 핵심 집단은 노예들이었어요. 노예들이 생산과 가정 활동의 주요한 부분을 담당했던 거죠. '노예제가 폐지된' 산업사회에선 남성이 정치활동 대신 경제활동을 떠맡게 되고, 이에 따라 남성과 여성으로 나누어진 '집 밖'과 '집 안'의 활동이 이분법적으로 나누어져 더욱 견고하게 자리 잡았어요.

이처럼 산업사회가 시작된 이후 돌봄을 바라보는 시선엔 '생산활동을 하는 사람'과 '그렇지 않은 사람'이란 구분이 깔려 있어요. 이럴 때 돌봄은 언제나 생산활동을 위한 보조적 수단에 불과해요. 이런 인식은 '실제로 생산활동을 하는 사람'과 '그렇지 못한 사람들' 사이에 다양한 차별을 만들어 내요. 예를 들어 산업사회에 흔했던 여성에 대한 차별이 대표적인 예예요. 집 밖에서 하는 생산활동을 더 중요하게 여기는 세상에서, 집 안에서 생산활동을 보조하는 돌봄 역할을 맡은 여성들은 남성보다 훨씬 덜 중요한 존재로 여겨진 거죠.

덜 중요할 뿐만 아니라 고통이 없는 쉬운 활동, 별달리 의미 없는 놀고먹는 활동으로까지 낮추어 보는 경우를 적잖이 볼 수 있었죠. "집에서 청소나 빨래, 설거지나 하는 주제에 뭐가 그리 힘드냐?", "아이 보는 일이 뭐 그리 대단하다고." 같은 표현에 돌봄 활동을 깎아내리는 시선이 고스란히 담겨 있었죠. 아직도 이런 말을 내뱉는 사람은 없으리라 믿어요. 하지만 우리의 일상적 관념에 뿌리 깊게 박혀 있는 생각이기도 해요.

더 안타까운 건 산업사회에서 돌봄에 대한 폄하가 이 정도에 그치지 않았다는 거예요. (물론 아직도 쓰이는 표현이긴 하지만) 산업사회에서 '가장'이란 표현이 일상적으로 쓰였는데, 한 가족을 책임지는 사람이란 뜻이죠. 서구 사회에선 이 가장을 '브레드 위너(bread winner)', 즉 '빵을 벌어오는 사람'이라며 더 직접적으로 부르기도 했죠. 가장이란 말에는 책임뿐 아니라, 그 책임을 통해 부여받는 권력도 포함되어 있어요. 때론 가장으로서 책임을 다하지 못해도 그 지위만으로도 권력을 행사할 수 있었죠. 이 때문에 심지어 가정폭력 같은 사태가 별다른 주목을 받지 못한 채 당연한 것으로 받아들여지고 또, 만연한 때도 있었어요. 그만큼 돌봄을 대수롭지 않은 활동으로 취급했던 거죠.

정리해 보자면, '생산활동'이란 기준에서 '돌봄'을 바라볼 때 가정 내에서 주로 여성이 담당하는 활동이란 이분법적 편견에 갇히기 쉬워요.

돌봄을 확장하기

지금까지 우리가 흔히 떠올리는 '돌봄'엔 '생산활동을 하는 사람'과 '그렇지 못한 사람'의 구분이 있다는 걸 보았어요. 또 어린이에게는 생산활동을 하게 될 이에 대한 돌봄, 노인에게는 생산활동을 열심히 한 대가로서 돌봄, 단기적으로 아프거나 장애가 심하지 않은 이에게는 생산 현장으로 돌아갈 수 있도록 돕는 활동으로서 돌봄, 장기적으로 아프거나 장애가 심한 이들에게는 생산가능인구가 비용을 많이 대는 활동으로서 돌봄이 이루어진다는 걸 이해할 수 있었어요. 이에 더하여 이런 인식이 돌봄을 집 안에 가두어진 활동, 여성이 주로 담당하는 활동, 심지어 쓸모없는 비용을 어쩔 수 없이 써야 하는 활동이란 편견으로 이어질 수 있다는 것을 살펴보았어요.

이런 인식이 널리 퍼진 곳에서 돌봄은 그저 비용을 줄여야 하는 활동으로 여겨지기 쉬워요. 우리나라의 예를 들어볼까요? 장애인 거주시설의 사회복지사들은 80% 이상이 여성, 그것도 중장년 여성이에요. 대다수가 최저임금에 해당하는 급여를 받고 일하죠. 생산력이 상대적으로 떨어지는 장애인에 대한 보살핌의 가치, 이 일을 하는 이들의 노고에 대한 가치가 최저임금이란 형태로 반영된 거예요. 이에 더하여 이런 일은 여성, 그중에서도 노동시장 주변부에 있는 중장년 '여성'의 몫이 되는 거죠.

이런 이유로 '돌봄'에 대한 시선을 새롭게 바꾸는 일은 매우 중요해요. 그렇다면 어떻게 해야 이런 일이 가능할까요? 우리는 앞으로 돌봄을 두 가지 관점에서 다시 정의해 보려 해요. 첫째, 돌봄이 인권이라는 관점. 둘째, 돌봄이 정치활동이라는 관점. 그리고 이 두 관점을 합쳐서

'확장된 돌봄'이라고 부르려 해요. 그럼 돌봄을 인권으로 보는 관점부터 살펴볼까요?

확장된 돌봄 하나 : 돌봄이 인권이다

최근에 '돌봄'을 '인권' 그 자체로 정의하려는 시도들이 있어요.[5] 이렇게 정의하면 어떤 변화가 있을까요? 우리가 앞에서 살펴본 돌봄과 관련된 여러 문제를 극복할 수 있어요.

첫째, 돌봄의 대상에 대한 협소한 정의에서 벗어날 수 있어요. 앞에서 보았듯 기존의 돌봄은 어린이와 노인, 병자와 장애인이 중심이에요. 이런 관점에서 보면, 청년은 돌봄의 대상이 아니에요. 오히려 빨리 노동 세계에 진입해서 돌봄에 필요한 비용을 마련해야 하는 집단이죠. 하지만, 최근 수많은 조사에서 사회적으로 가장 큰 고립감을 느끼는 집단이 2030 청년이라는 사실이 드러나고 있어요. 2022년을 기준으로 우리나라 우울증 환자 100만여 명 중 36만여 명이 2030 청년이에요. 이에 더하여 2021년에 실시한 한 언론사의 조사에 따르면,[6] 20~29세 청년 중 37.1%가 '생활비가 부족해 끼니를 챙기지 못한 적이 있다.'라고 답했어요. 실제로 하루에 두 끼만 먹는 '두 끼족'이란 말이 생겨나기도 했죠.

청년만 그럴까요? 일반적으로 소득수준이 가장 높은 50대 남성 집단에서도 돌봄이 필요하다는 신호가 계속 나타나요. 예를 들어 보건복지부가 내놓은 「2024년 고독사 실태조사 결과」를 보면, 2023년 고독사 사망자 수 3,661명 중 50대 남성이 970명에 이르러요. 고독사 사망자 약 4명 중 1명이 50대 남성인 거죠. 소득수준으로만 보면 가장 돌봄과 멀리 있어야 할 집단인데도 말이죠. 이혼과 1인 가구가 늘어나는 상황이라 이 숫자는 앞으로 더 커질 수 있어요.

이런 여러 사회 지표들을 통해 돌봄의 범위가 어린이와 노인, 병자와 장애인보다 더 넓어져야 함을 알 수 있어요. 만약 돌봄의 지표를 노동능력으로 삼는다면, 청년이나 중장년층은 결코 돌봄의 대상에 포함되지 못할 거예요. 하지만 돌봄을 인권으로 본다면 청년층, 중장년층도 당연히 적극적 돌봄의 대상이 될 수 있어요.

둘째, 돌봄의 비용을 대는 사람, 돌봄을 하는 사람, 돌봄을 받는 사람이란 구분을 없앨 수 있어요. 돌봄이 '인권' 그 자체라면, 각 개인이 돌봄의 비용을 대는 사람이기도 하고, 돌봄을 하는 사람이기도 하고, 돌봄을 받는 사람이기도 해요. 태어나면서 돌봄을 받고, 성장하면서 그 비용을 대고, 그러다가 아프면 다시 돌봄을 받고, 때로 돌봄을 하기

도 하고, 은퇴하면 다시 돌봄을 받는 존재가 되는 거죠. 또한 내가 돌봄을 받는 만큼 비용을 내야 한다거나, 내가 비용을 낸 만큼 돌려받을 필요가 없어요. 인권은 개인이 어떤 일에 기여한 만큼 돌려받는 '비례성의 원칙'을 따르지 않거든요. 누구나, 언제든, 자신이 처한 상황에 따라 보살핌을 받고 그 보살핌에 기여하면 되죠.

이렇게 돌봄을 인권으로 보면, '돌봄을 하는 사람'과 '돌봄을 받는 사람'이 따로 있다는 편견을 극복할 수 있어요. 상황에 따라 '돌봄을 주는 사람'이자 '돌봄을 받는 사람'이 되는 거죠.

셋째, 전통적으로 돌봄이 가정에서 가족이 수행하는 일이란 생각을 바꿀 수 있어요. 산업사회에서는 생산활동과 가정 활동을 구분하고, 돌봄을 가정 활동의 일부로 여겼어요. 생산활동은 국가가 적극적으로 지원하는 반면, 돌봄은 주로 가정에 맡기고 보조만 했지요. 돌봄을 가정 안에 '사적인 일'로 가두어 버렸던 거예요.

하지만 이런 구분은 신자유주의(국가의 개입을 비판하고, 시장의 기능과 민간의 자유로운 활동을 중시하는 이론)가 주도한 탈산업사회에는 그다지 적합하지 않아요. 자유주의 경제 발전의 역사에서 보면, 여성의 사회 진출을 가장 열렬히 바랐던 이들이 신자유주의자들이었어요. 이들은 산업사회를 이끌었던 정규직 남성 노동자를 지나치게 높은 임금을 지급해야 하는, 따라서 생산비용을 높이는 집단으로 보았어요. 그래서 낸 묘책이 여성의 사회 진출을 늘려 비용이 적게 드는 비정규직으로 대체하는 거였죠. 1980년대 이후 여성의 사회 진출이 그 어느 때보다 활발해질 수 있었던 건, 여성들의 요구와 신자유주의자들의 필요가 맞아떨어졌기 때문이었어요. 그 덕분에 지금은 어느 때보다 맞벌이 가정이 늘어났죠.

우리나라만 봐도 그래요. 통계청에서 발표한 「2023년 맞벌이 가구 및 1인 가구 취업 현황」을 보면, 맞벌이 가구는 611만 5,000가구로 배우자가 있는 전체 가구의 절반에 가까운 48.2%를 기록하고 있어요. 막내 자녀가 6세 이하인 경우는 51.5%로 역대 최대 수치예요. 앞으로 이 수치는 점점 늘어날 거예요. 생활비는 남성이 벌고 돌봄은 여성이 하는 분업이 무너진 걸 볼 수 있죠. 이런 상황에서 돌봄을 가정 내에, '사적인 일'로 가두어 두는 건 불합리할 뿐만 아니라 불의한 일이 될 거예요. 결국, 돌봄을 '공적인 장'으로 끌어내야만 하죠. 이런 전환에 '인권'이 큰 도움이 될 수 있어요. 돌봄이 '인권'이 되면 국가가 반드시 수행해야만 하는 '공적인 일'로 바뀌기 때문이죠. 이것은 돌봄 활동에 더 많은 가치를 부여하는 계기가 될 거예요.

넷째, 돌봄이 주로 여성이 수행하는 일이란 생각에서 벗어날 수 있어요. 돌봄이 인권이 되면 '돌봄을 하는 이'와 '돌봄을 받는 이'가 따로 있다는 편견에서 벗어날 수 있다고 했죠? 모든 개인이 돌봄을 주고받는 주체이자 객체라면, 돌봄은 성의 구분을 따지지 않고 필수적으로 해야 하는 일이 될 거예요. 예를 들어, 육아휴직은 남녀 따지지 않고 누구나 신청할 수 있는 권리이자, 누구나 신청해야 하는 의무가 되겠죠.

다섯째, 돌봄의 범위가 우리 영토 안에 머무는 모든 사람에게 확장될 수 있어요. 예를 들어, 이주 노동자, 이민자, 난민 역시 돌봄의 대상에 포함될 수 있을 뿐만 아니라, 돌봄의 주체로서 돌봄 활동에 적극적으로 참여하고 그 보상을 적절히 누리게 될 거예요.

어떤 사람들은 왜 우리의 세금으로 이들을 돌보아야 하는지 물을 수도 있어요. 하지만 이런 생각은 편견이에요. 예를 들어, 2024년 보건복지부가 국회에 보고한 바에 따르면, 외국인 건강보험은 2023년에 7,403억 원이나 흑자를 냈어요. 재외국민을 포함해 전체 외국인 건강보험재정 수지는 2017년 2,565억 원, 2018년 2,320억 원, 2019년 3,736억 원, 2020년 5,875억 원, 2021년 5,125억 원, 2022년 5,448억 원, 2023년 7,308억 원 등으로 7년째 흑자를 기록했어요. 단순한 흑자가 아니라 매년 흑자가 늘고 있는 상황이에요. 단지 정당성의 차원만이 아니라 현실적으로 기여하는 정도를 보아도 이들도 돌봄을 누릴 권리가 있는 거죠.

확장된 돌봄 둘 :
돌봄은 정치활동의 일부다

민주주의 역사를 돌아보면, 고대 세계의 민주주의에서 돌봄은 공적 영역, 특히 정치 영역에선 힘을 발휘하지 못했어요. 민주주의가 시작된 아테네의 경우, 독립적으로 가정을 꾸릴 수 있는 사람만이 정치에 참여할 수 있었어요. 다시 말해, 자신과 가족을 스스로 돌볼 수 있는 자격을 증명한 사람들이 정치에 참여해 자신의 탁월함을 발휘했던 거죠. 그럴 수 있었던 이유는 당연히 돌봄의 영역을 노예와 여성에게 전담시켰기 때문이에요. 특히 노예제도가 그 기반이었죠.

하지만 우리가 삶을 누리는 이 시대의 민주주의는 그 조건부터 달라요. 경제적으로 발전한 나라에서 민주주의가 복지와 결합한 모습을 보면, 현대 민주주의에서 가장 중요한 주제는 정치적 자유와 경제활동과 돌봄이라 할 수 있어요. 건강하게 태어나고, 적정한 교육을 받고, 적정한 소득을 올릴 수 있는 직업을 갖고, 편안히 생을 마감할 수 있도록 삶의 전반에 국가가 개입하고 있지요. 그러다 보니 현대의 모든 정치 이론이 은연중이든 명시적이든 돌봄을 다루고 있다고 할 정도죠.[7]

물론 경제활동과 돌봄을 분리해서 본 적도 있어요. 국가의 일을 주로 경제활동에 집중시키는 반면, 돌봄은 가정에 떠넘기는 식이죠. 국가는 구성원들이 '적정한 소득을 올릴 수 있는 직업을 가질 수 있는 경제 환경'을 만드는 일에 집중하고, 건강하게 태어나고, 더 나은 교육을 받고, 편안히 생을 마감하는 일을 가정에 맡기는 거예요. 이런 이분법은 주로 산업사회에서 강하게 나타났어요. 하지만 탈산업사회로 진입하면서 많은 민주주의 국가에서 경제활동과 돌봄을 결합하는 경향이 나타났고, 그 결과 1950년대에서 1980년대에 걸쳐 '민주적 복지국가' 모델이 등장했어요.

그런데 1980년대부터 신자유주의를 지지하는 사람들이 돌봄의 영역을 다시 정치 밖으로 밀어내려 했어요. 이들은 민주적 복지국가 모델 때문에 시민이 너무 국가에 의존해서 게을러지고 생산력이 떨어진다며, '복지병'이라고 비난했어요. 한마디로 개인이 알아서 스스로 돌볼 줄 알아야 한다는 거예요. 이게 우리가 흔히 말하는 '내 인생은 내가 책임진다.'라는 '자기 책임의 윤리'예요. 현재 이런 자기 책임의 윤리가 많은 민주주의 국가에서 힘을 얻고 있어요.

짧게 정리하자면, 민주정체가 경제활동과 돌봄을 어떻게 결합할지를 두고 고민했던 일이 근대 이후 민주주의 역사의 큰 줄기를 이루고 있어요. 저는 현재의 민주주의 정치가 돌봄과 너무 거리가 멀어졌다고 생각해요. 한마디로 '자기 책임의 윤리'가 지배하고 있죠. 조금 더 속된 표현으로는 '각자도생의 윤리'라 할 수 있어요. 각자도생은 국가로부터 돌봄을 기대할 수 없다는 의미예요. 또한 '능력주의의 지배'라고도 표현할 수 있어요. '강한 자만이 살아남는다.'라는 생각이 '능력 있는 자가 독식한다.'라는 생각을 정당화하고 있죠. 각자도생의 능력주의가 지배적인 곳에서는 당연히 돌봄이 힘을 잃게 돼요.

더 심각한 문제는 이런 돌봄의 허약함이 민주주의의 존립 자체를 위협하고 있다는 거예요. 21세기에 접어들며 국가와 정치에서 돌봄 없는 삶이 더욱 부각되면서 우파 포퓰리즘이 전 세계적으로 부상한 건 결코 우연이 아니었어요. 더 아이러니한 것은, 수많은 이들이 돌봄 없는 삶에 지쳤으면서 때로 돌봄을 멀리하고 경멸한다는 거예요. 너무

많은 사람이 '돌봄'이란 능력 없는 자가 능력이 있는 자에게 기생하는 것이나 다름이 없다는 생각에 젖어 있어요. 마음속으로 돌봄을 갈망하더라도, 그걸 내보이는 건 부도덕하다고 생각하는 거죠. 그러다 보니 불평등이란 말에 점점 무심해지고 때로 적대적인 반응까지 보여요. 결국, 이들은 개인의 능력 격차 때문에 생기는 불평등이 부당하다는 생각에 동의하지 않아요. 오히려 이런 영역에 정치가 개입하지 말라고 비판하죠.

그래서 이 책은 정치가 돌봄에 개입할 수 있는 길을 개인 능력과 무관한, 정치만 다룰 수 있는 우리 삶의 근본적인 조건 변화에서 찾고자 해요. 그 근본적인 조건 변화가 바로 기후변화, 인구 감소, 디지털 기술이에요. 기후, 인구, 디지털이 만드는 근본적인 삶의 조건 변화는 개인이 아닌 모두가 힘을 모아 대응해야 할 일이에요. 그러려면 정치적 개입이 필요하고, 그 공통분모가 돌봄임을 보이려 해요. 돌봄을 이렇게 성의하면, 돌봄의 대상을 인간을 넘어 자연과 지구까지 넓힐 수 있어요. 자연과 지구에 대한 돌봄 없이는 인간에 대한 돌봄이 불가능하기 때문이죠.

이런 면에서, 확장된 돌봄은 전면적인 정치 개입이 필요한 활동이에요. 돌봄은 앞으로 민주주의가 다루어야 할 가장 중요한 사안이며, 정치에서 다루어야 할 일이 되어야 해요.

자, 간략히 정리해 볼까요.

첫째, '확장된 돌봄'은 돌봄을 단순한 '사회권'이 아닌 '인권'의 차원에서 이해한다.

둘째, 돌봄을 기후변화, 인구 감소, 기술 발전이란 근본적인 삶의 조건이 변화한 상황에 대응하는 정치활동이라고 정의한다.

셋째, 이 정의에 기반하여 '돌봄'을 '인간의 권리'로, 나아가 '지구의 권리'로 확장해야 한다. 이에 더하여 확장된 돌봄을 '민주주의'의 핵심 주제로 삼아야 한다고 주장한다.

특히 이 책은 두 번째 측면, 근본적인 삶의 조건 변화에 초점을 맞추고 있어요.

자, 이제 그중 첫 번째 관심사에 답을 해 볼까요.

2

왜 기후변화에
돌봄이 필요할까?

지금부터 기후변화와 돌봄 사이에 어떤 관련이
있는지 다음 질문을 통해 이야기해 볼까 해요.
첫째, 기후변화는 지구를 얼마나 뜨겁게 만들고,
어떤 자연 재난을 만들어 낼까?
둘째, 기후변화가 만든 재난은 모두에게
동등하게 영향을 미칠까?
셋째, 기후변화가 우리의 육체적 건강뿐만
아니라 정신 건강에까지 영향을 미친다고?
그 피해가 미래 세대에 집중되고 있다고?
이 세 가지 질문에 답할 수 있다면,
왜 기후변화에 돌봄이 필요한지 이해할 수 있을
거예요.

뜨거워도, 너무 뜨거운 지구

요즘 해마다 여름이면 들리는 소식이 있어요. '가장 무더운 여름이 찾아온다.' 이런 소식을 가장 빨리 대중에게 전하는 언론 기사의 예를 들어볼까요? "2023년 북반구 여름, 과거 2천 년 사이 가장 무더웠다." 「연합뉴스」 2024년 5월 15일 자에 실린 기사 제목이에요. 더 구체적인 내용을 보면 "지난해(2023년) 여름 열대 지역을 제외한 북반구의 평균 기온이 19세기 후반보다 2도 이상 상승해 과거 2천 년 사이 가장 높았다는 연구 결과가 나왔다."라고 보도하고 있어요.

다른 기사도 한번 살펴볼까요? "역사상 가장 더운 여름이 온다. 기

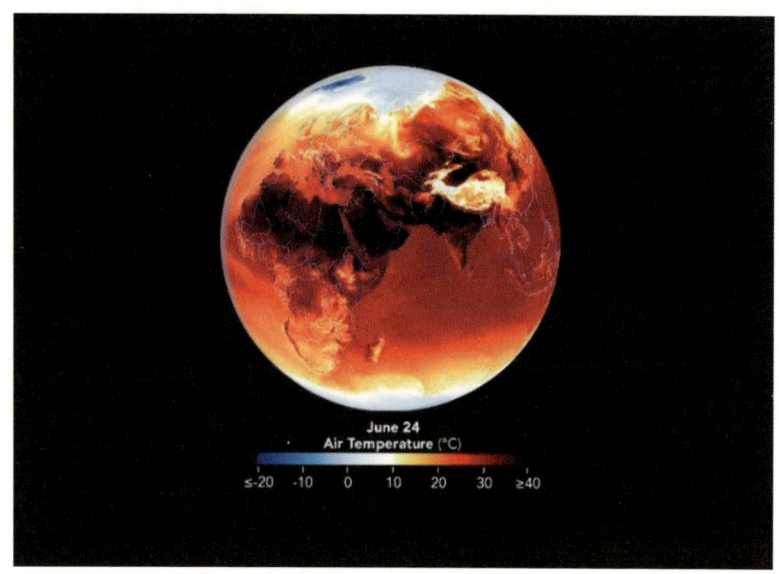

2024년 6월 24일 지구의 표면 공기 온도(NASA)

온 상승 1.5도 마지노선 무너지면 '재앙.'" 2024년 6월 21일 자 「매일경제」 기사 제목이에요. 기사는 2024년 5월이 미국항공우주국(NASA)이 "지구 평균기온 조사를 시작한 1880년 이후 모든 5월을 통틀어 '가장 더웠던 5월'"로 기록했다는 소식을 전했어요. 지구가 계속 뜨거워지고 있단 거죠. 우리 기상청 역시 2023년, 2024년 모두 역대 가장 더운 해로 기록했어요. 특히 2024년의 경우 연간 열대야 일수가 24.5일로 평년 6.6일 대비 약 3.7배나 높은 것으로 나타났어요.

왼쪽 사진은 NASA가 공개적으로 내보낸, 2024년 6월 15일부터 25일 사이 지구의 표면 공기 온도를 보여 주는 사진 중 하나예요. 지구 대부분이 빨갛게 달아올라 있는 모습을 볼 수 있죠.

NASA뿐만 아니에요. 2024년 7월 안토니우 구테흐스 유엔 사무총장은, 세계기상기구(WMO)의 분석을 바탕으로 "올해 7월이 역사상 가장 더운 달"이라고, 이제 '온난화(global warming)' 시대가 끝나고, '열대화(global boiling)' 시대가 시작되었다고 선언했죠. 말 그대로 지구가 끓어오르는 시대가 됐다는 거예요. 왼쪽 사진에서 바다 표면의 온도를 보면 끓고 있다는 표현이 과장된 게 아니란 걸 알 수 있어요.

세계기상기구에서 낸 「2011~2020년 기후변화의 속도 및 영향 급증」 보고서를 보면, 지구에 축적되는 열의 90%가 바다에 저장된다고 해요. 바다와 육지가 뜨거워지는 경향을 보면, 바다가 뜨거워지는 데 훨씬 더 많은 에너지가 필요해요. 2022년에 발표된 한 연구에 따르면,[8] 2021년 한 해 동안 바다가 흡수한 에너지 양이 히로시마에 떨어진 원자폭탄이 1초당 7개씩 터진 양과 맞먹는다고 해요. 1년이 31,556,926초니까 2억 2천만 개가 넘는, 정확히는 220,898,482개에 해당하는 원자폭탄의 에너지를 바다가 흡수했다는 거죠. 얼마만 한 양인지 짐작도 가지 않죠?

이렇게 지구가 뜨거워지는데, 인류가 이에 대해 제대로 대응을 시작한 건 2015년이었어요. 이 해에 195개국이 파리에 모여 '파리 기후 변화 협약'을 맺었죠. 이 협약의 핵심은 두 가지예요.

첫째, 지구 평균기온을 산업혁명 이전보다 2도 이상 올라가지 않도록 한다.
둘째, 우선 1차 목표로 1.5도 이상 올라가지 않도록 노력한다.

문제는 이미 현재 1차 목표인 1.5도에 거의 육박해 있다는 거예요. 세계기상기구는 2024년부터 2028년까지 5년 동안, 전체 평균기온이 1.5도 이상 오를 확률이 47%라고 예측했어요[9].

어떤 분들은 "지구 온도가 1, 2도쯤 변한다고 해서 뭐 그리 큰일이에요?"라고 묻곤 해요. 몇 년 전까지만 해도 이런 분들이 생각보다 많았지요. 그 고작 '1도'가 우리 삶에 얼마나 많은 영향을 미치는지 알 수 있는 사례가 생각보다 가까이 있어요.

예전 지구에 '빙하기'가 있었다는 사실, 알고 있지요? 빙하기는 대략 12,500년 전에 끝났어요. 그 이후 지구가 다시 한번 추워진 시기가 있었는데 이를 '소빙하기'라고 불러요. 시기를 정확히 규정하기 어렵지만 대체로 1550년쯤부터 1800년쯤 사이를 말해요.[10] 오른쪽 그래프는 그 시기를 보여 주고 있어요.[11]

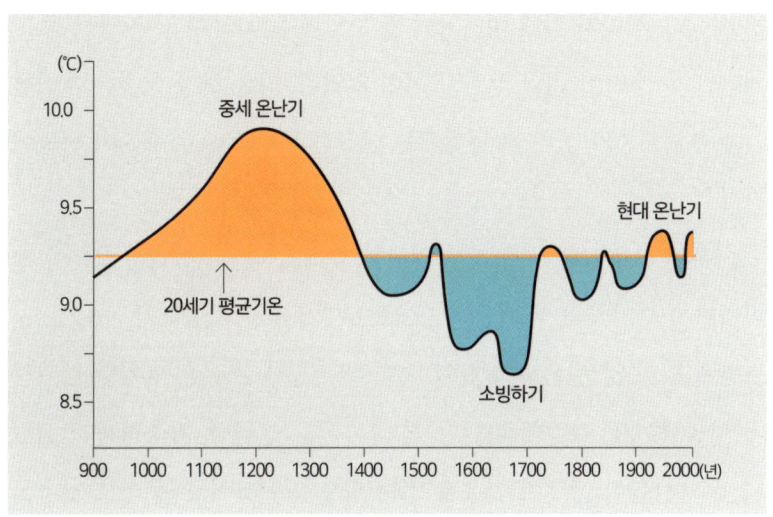

중세부터 현대까지 지구의 평균온도

그래프를 보면 20세기 평균기온이 9.25도 정도인데, 소빙하기에서 가장 추운 시기인 17세기 후반기가 8.5도 이상이에요. 온도 차이가 0.7도도 되지 않아요.

『조선왕조실록』을 보면, 이 무렵과 겹치는 시기에 눈에 띄는 대사건을 찾아볼 수 있어요. 바로 '경신 대기근'이죠. 이 사건을 기록한 『대기근, 조선을 뒤덮다』(2008)라는 책에서는 현종실록을 참조해서 이 당시를 다음과 같이 묘사해요.

"현종 11년인 1670년 7월 전국에 때아닌 우박과 서리에 이어 눈까지 내렸다. 서리가 일찍 내려 추수를 눈앞에 둔 작물이 죄다 말라 죽고, 계란만 한 우박이 내려 성한 곡식이 없었다. 기온 하강 현상은 혹심한 겨울 추위로 이어졌다. 이듬해에는 심각한 봄 가뭄으로 대지가 타들어 갔다."

기온이 올라가면 수증기가 많이 증발해서 비가 내리고, 기온이 떨어지면 수증기가 줄어 가뭄이 들죠. 20세기 평균기온과 겨우 0.7도 정도밖에 되지 않는 온도 변화였지만, 이 때문에 조선은 엄청난 대기근에 시달렸어요. 식량이 바닥난 건 물론이고 전염병, 가축병까지 겹쳤지요. 백성들이 굶주려 인육을 먹는 일도 일어났어요. '충청도에서 굶주린 엄마가 어린 자녀를 삶아 먹은 사건'이었죠. 관아에서 사실을 확인했더니 부모가 죽인 게 아니라 아들딸이 병들어 죽자 너무 굶주려 삶아 먹었다고 했다네요. 부모가 자식을 삶아 먹을 정도이니 그 피해가 얼마나 극심했는지 상상해 볼 수 있어요. 기후 때문에 부모 자식 사이에 있을 수 없는 일이 벌어졌던 거죠.

이런 피해는 조선만 겪은 게 아니에요. 16세기 말부터 17세기에 걸쳐 세계 곳곳에서 대기근을 겪었어요.[12] 추운 날씨에 여름이 짧아지자, 수확량이 줄어들어 기근이 곳곳으로 퍼진 거죠. 그 결과 인간과 동물이 전염병에 취약해졌고, 이것이 반란, 전쟁, 혁명, 제도 개혁 등으로 이어졌다는 최근의 연구들을 볼 수 있어요. 예를 들어, 영국에서는 혹

독한 추위 때문에 1598년과 1601년에 빈민 구제법이 만들어졌어요. 중국에서도 17세기에 가뭄이 이어지고, 이것이 농민봉기나 각종 난으로 이어졌다는 연구가 나오고 있어요. 16세기 중후반 인도에서도 가뭄으로 식량부족이 심각해져 사람들이 서로 잡아먹었다는 기록이 당시의 역사서인 『악바르의 통치』에 나와 있어요. 특히 이 무렵 유럽에서는 마녀사냥이 절정에 이르렀어요. 마녀가 저지른 죄목은 주로 가뭄이나 흉작, 전염병을 일으켰다는 것으로, 기후변화와 관련이 있었죠.

이제 고작 1~2도의 기온 변화가 얼마나 큰 문제인지 감이 오나요? 기후변화는 심각한 재난으로 이어져요. 지금처럼 온도가 오르면 건조한 곳에서는 대형 산불이 나고, 습한 곳에서는 폭우가 내리고 홍수가 잦아지죠. 이런 변화는 농작물 생산, 생태계에도 영향을 줘서 식량부족을 유발하고 뜻하지 않은 전염병을 일으킬 수 있어요.

이렇게 뜨거워진 지구에서 어떤 일이 벌어지는지 이해하기 위해, 최근의 두 재난, 2019년 호주 산불과 동아프리카 홍수, 2022년 파키스탄 대홍수를 함께 살펴보려 해요.[13] 기후변화로 인해 발생한 많은 재난 가운데 이 두 사례를 살펴보려는 이유가 있어요. 첫째, 기후변화가 원인 중 하나였음이 밝혀진 재난이라는 점, 둘째, 기후변화가 재난으로 이어질 때 생겨나는 부조리를 보여 주는 '기후 정의'의 사례라는 점이죠. 이제 함께 살펴볼까요?

불타 버린 호주, 홍수와
메뚜기 떼가 삼킨 동아프리카

2019년 9월 2일, 호주 동남부 뉴사우스웨일스주에 있는 숲에서 불이 났어요. 그때만 해도 사람들은 예측하지 못했어요. 그 불이 6개월 동안 호주 하늘과 땅 전역을 시뻘겋게 뒤덮는 불길이 되리라곤.

대개 호주에서 산불이 일어나는 시기는 남반구의 여름이 시작되는 11월부터라고 해요. 하지만 2019년은 달랐어요. 아직 겨울인 7월에 40도가 넘는 이상고온 현상이 나타났고, 여기에 가뭄까지 겹치면서 예년보다 2개월 빨리 산불이 시작되었죠. 뉴사우스웨일스주에는 주도인 시드니가, 그 아래의 빅토리아주에는 주도인 멜버른이란 주요 도시가 있어요. 화마가 여기까지 덮치자, 호주 정부는 국가 비상사태를 선포하며 대응했지만, 별 소용이 없었어요. 오른쪽 지도는 영국 국영방송인 BBC가 NASA의 자료를 활용해서 12월 24일부터 30일까지 7일 동안 일어난 산불과 들불을 기록한 거예요. 오스트레일리아 대륙 전체가 불길에 휩싸인 걸 볼 수 있어요. 이 불이 6개월 동안 꺼지지 않았던 거죠.

산불은 대한민국 영토보다 더 넓은, 전체 20% 이상에 해당하는 숲과 야생동물 10억 마리의 생명을 앗아 갔어요. 산불로 사망한 코알라

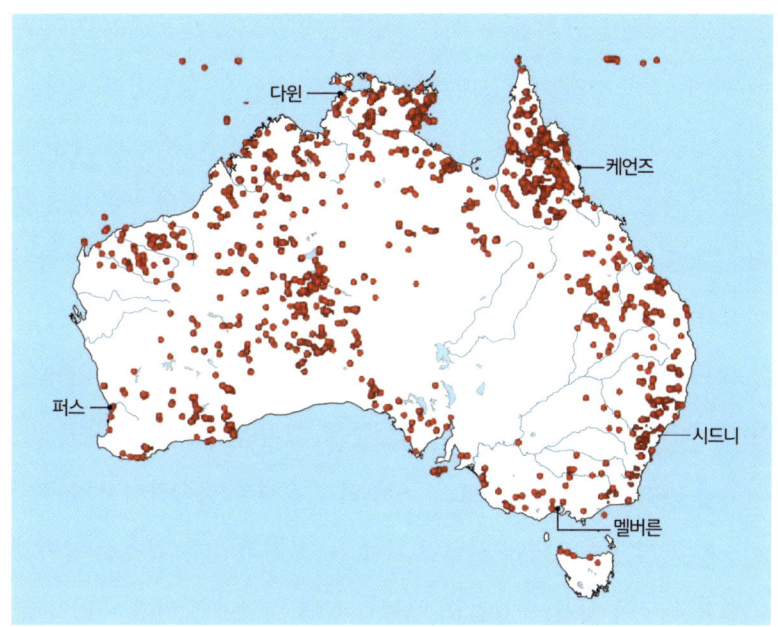

2019. 12.24.~12.30. 사이 오스트레일리아 산불과 들불 현황(NASA, BBC)

가 6만 마리에 이르고, 주 서식지인 유칼립투스 숲이 대거 파괴되어 멸종위기 동물로 지정되었죠.[14]

전문가들은 이 대형 산불이 기후변화 때문에 일어났다고 분석해요. 예를 들어 2021년 서울대 환경대학원과 독일의 막스 플랑크 연구소 등이 함께 참여한 연구가 호주가 접하고 있는 인도양에서 이례적으로 수온 편차가 아주 컸다는 것을 밝혀냈어요.[15]

인도양에선 불규칙한 주기로 서쪽 해수면은 온도가 높아지고, 동쪽 해수면은 온도가 낮아지는데, 이를 '인도양 쌍극자' 현상이라 불러요. 이 현상은 적도 부근에서 바람이 동쪽에서 서쪽으로 부는 무역풍 때문에 생겨요. 바람이 바다 표면의 따뜻한 물을 동쪽에서 서쪽으로 실어 나르면, 인도양 서쪽 바다에서는 이상고온현상이, 동쪽 바다에서는 이상저온현상이 나타나는 거죠. 이 때문에 인도양 동쪽은 해수면의 온도가 낮아지면서 증발하는 수증기량이 적어지고, 강수량이 감소해요. 2019년에는 이 편차가 유독 더 심했는데, 그 원인은 기후변화였어요. 여기에 엎친 데 덮친 격으로 남극 주변 기온까지 상승하면서 호주가 40도에 육박하는 폭염에 시달린 거예요. 그 결과 고온 건조한 날씨가 이어져 산불이 일어나기 쉽고, 산불이 한번 일어나면 비가 내리지 않아 끄기 어려운 상황이 벌어진 거죠.

그럼, 이상고온현상이 나타난 인도양 동쪽, 동아프리카 지역에선 어떤 일이 벌어졌을까요? 뜨거운 바닷물이 밀려들어 해수면의 온도가 높아지니 폭우가 내리고, 그 폭우가 대홍수로 이어졌어요. 여기에 강력한 사이클론까지 발생해 피해를 더 키웠지요. 1,200명 이상이 사망하고 3,300만 명 이상이 홍수로 비상사태 수준의 위기를 겪었어요.[16]

그런데 홍수보다 더 큰 문제가 일어났어요. 대홍수로 인해 동아프리카 사막 곳곳에 습지가 만들어지면서 40년 만에 메뚜기 떼가 창궐

한 거예요. 그런데 놀랍게도 이 메뚜기 떼는 원래 동아프리카에 살던 게 아니라 아라비아반도의 사막 쪽에서 건너왔어요. 메뚜기 떼는 어떻게 동아프리카로 왔을까요? 바로 기후변화 때문이에요. 인도양 서쪽의 바다가 엄청나게 따뜻해지자, 바다에서 더 강력한 '열대성 저기압'인 사이클론이 만들어지고, 이 바람이 메뚜기 떼를 동아프리카까지 날려 보낸 거죠.

유엔 산하 세계식량계획(WFP)에서는 이 메뚜기 떼가 보통 1km^2당 1억 5,000만 마리에 달하며, 사람 3만 5,000명이 먹을 수 있는 작물을 먹어 치운다고 밝혔어요.[17] 소말리아, 에티오피아, 남수단, 케냐 같은 동아프리카 나라는 가뜩이나 식량부족으로 시달리고 있었는데, 메뚜기가 어마어마한 양의 식량을 먹어 치우는 재난을 당한 거죠. 지금도 아프리카는 메뚜기 떼에 시달리고 있어요.

물에 잠긴 파키스탄

호주나 동아프리카는 우리에게서 너무 멀다고요? 그럼, 아시아를 살펴볼까요? 2022년 6월 14일, 파키스탄에 엄청난 비가 쏟아지기 시작했어요.[18] 파키스탄은 몬순기후 지역으로 매해 6월이면 우기가 시작

되기 때문에, 처음 비가 쏟아질 땐 당연하게만 보였죠. 하지만 우기인 6월에서 9월 사이 내린 비는 감당할 수 있는 수준이 아니었어요. 폭우가 평소보다 2~3배 이상 쏟아져 파키스탄을 거의 삼켜 버릴 듯했죠. 국토의 3분의 1이 물바다가 되었어요. 세계보건기구는 파키스탄의 행정구역 154개 중 75%에 해당하는 116곳이 폭우로 물에 잠겼다고 보고했어요.

특히 발루치스탄주와 신드주는 그 피해가 너무 심해 도저히 감당할 수 있는 수준이 아니었어요. 집계된 피해를 보면 사망자가 1,700명이 넘고 3,300만 명이 넘는 사람들이 이재민이 되었어요. 이미 코로나19 팬데믹으로 경제가 어려운 상황이었는데, 수해로 농작물이 엄청난 피해를 보면서 식량 위기를 걱정할 지경이었죠. 10월까지 폭우가 이어져 파키스탄 국토의 상당 부분이 물에 잠기자 주요 작물인 밀은 씨앗도 뿌릴 수 없었어요.

과학자들은 폭우의 원인이 '기후변화가 만든 폭염' 때문이라고 밝혔어요.[19] 2022년 3월부터 두어 달 동안 남아시아에서 기록적인 폭염이 기승을 부렸는데, 파키스탄 일부 지역은 온도가 50도를 넘기도 했죠. 뜨거운 공기는 당연히 습기를 빨아들이는데, 파키스탄은 몬순기후대로 여름에는 바다에서 대륙으로 바람이 불어 들어와요. 안 그래도 해수면의 온도가 높아지면서 바다에서 불어오는 바람이 많은 습기를 몰고 오는데, 이 기록적 폭염이 더 많은 습기를 빨아들이며 상상을 초월한 폭우를 쏟아냈던 거죠.

그런데 파키스탄 홍수가 사실 남의 일이 아니에요. 우리나라 역시 이 몬순기후 지역에 속해 있기 때문이죠. 우리나라뿐 아니라, 중국과 일본을 비롯한 동아시아 지역이 몬순기후의 영향 아래 있어요. 2021년 제54차 기후변화에 관한 정부 간 협의체(IPCC) 총회가 승인한 「IPCC 제6차 평가보고서(AR6) 제1 실무그룹 보고서」를 보면, 동아시아 지역은 1950년대 이후 폭염·호우·가뭄 세 가지가 동시에 많이 늘어났어요. 특히 여름 강수량은 앞으로도 계속 늘어날 거래요.

2023년 9월 7일 자 「한겨레」 기사 제목이 이런 현실을 잘 보여 주죠. "폭염, 열대야, 강수량, 습도 '무제한급 여름' 내년에 또 온다." 실제로 2024년 여름은 이 기사가 인용한 기상청 보고서의 예측 그대로였어요. 우리나라, 중국, 일본 모두 여름이면 더 많은 비가 오고, 더 강력한 태풍이 몰아치며, 더 큰 피해가 생겨나고 있어요. 2024년엔 우리나라 곳곳에 시간당 100㎜ 이상의 폭우가 쏟아졌는데, 기상학자들에 따르면 이런 일은 정말 흔치 않다고 해요. 문제는 이런 드문 폭우가 거의 해마다 퍼붓고 있다는 사실이에요. 2022년 8월 강남 일대를 물에 잠기게 한 폭우 역시 시간당 최대강수량이 141㎜로, 서울 지역을 기준으로 할 때 500년에 한 번 내릴 수 있는 양이라고 해요.[20] 이러니 파키스탄

홍수 같은 일이 우리나라에서도 일어날 수 있다는 거죠.

2022년 파키스탄은 그 피해가 너무 막심해서 다른 국가의 도움이 절실히 필요했어요. 그런데 당시 파키스탄의 셰리 레흐만 기후변화부 장관은 영국 「가디언」지와의 인터뷰에서 "선진국이 책임져야 한다."라고 주장해요. 왜 레흐만 장관은 선진국에 책임을 물었을까요?

그 이유는 기후변화의 주된 원인인 이산화탄소를 많이 배출하는 나라가 선진국이기 때문이에요. 단적인 예로 유엔환경계획(UNEP)에 따르면, 경제 선진국인 G20 국가들이 세계 온실가스의 79%를 배출해요. 반면, 파키스탄은 2022년 기준 인구 2억 3,500만 명이 넘지만, 1959년부터 2022년까지 탄소 배출량은 0.4%에 불과해요.[21] 선진국이 많은 탄소를 배출했기 때문에, 파키스탄이 그 피해를 본 거죠. 앞서 본 동아프리카 대홍수에서도 마찬가지 경향을 볼 수 있어요. 아프리카에는 세계 인구의 20% 정도가 살지만, 탄소 배출량은 3%도 되지 않아요.[22] 동아프리카 국가로 제한하면 배출량은 더욱 적을 거예요.

그런데도 방글라데시를 비롯한 남아시아 국가, 앞에서 본 동아프리카 국가가 기후변화로 생기는 재난에 매우 취약한 국가로 드러나고 있어요. IPCC 6차 평가보고서 「기후변화 2022: 영향, 적응 및 취약성」을 보면, 2010~2020년 사이 이 지역에서 기후 재난으로 인한 사망률은 다른 지역과 비교해서 15배나 높았어요. 기후변화의 원인은 선진국이나 상대적으로 발전한 개발도상국이 만들고, 그 피해는 경제적으로 낙후한 국가가 입는 거죠. 파키스탄의 레흐만 장관이 "선진국이 책임져야 한다."라고 따질 만했던 거예요.

그럼 우리나라는 어떨까요? 탄소배출로 인해 피해를 보는 국가일까요? 아니면 피해를 주는 국가일까요? 20세기 후반만 해도 우리나라가 경제개발에서 후발 주자였기 때문에 탄소배출 관련 분야에서는 변명할 여지가 있었지만, 최근 산업화 이후 탄소 배출량을 보면 세계 17위로 서구 국가 배출량을 거의 따라잡았어요.[23] 우리나라는 산업혁명 이후 누적 배출량으로 보나 현재 배출량으로 보나 이미 책임 있는 국가가 되었어요. 심지어, 유럽연합 집행위원회의 「세계 이산화탄소 배출량」(2022) 보고서에 따르면, 2021년 우리나라는 208개국 중 일곱 번째로 탄소를 많이 배출했다고 나와요.[24] 이제 우리나라는 기후변화에 있어 문제를 일으키는 국가 중 하나가 된 거예요.

소득이 많은 사람이 탄소를 더 많이 배출한다

부유한 국가가 배출한 탄소가 가난한 국가에 피해를 주는 이 상황은 개인에게도 고스란히 적용돼요. 2023년 세계적인 빈곤 구호단체인 옥스팜이 스톡홀름환경연구소와 더불어 탄소 배출량 분석 보고서를 냈어요.

이 보고서에는 1990년부터 2015년 사이 소득수준에 따른 탄소 배출량이 나와 있어요. 이 기간에 소득수준 상위 1%가 전체 탄소의 15%를, 상위 10%가 52%를 배출했는데, 이에 반해 하위 50%는 단 7%만

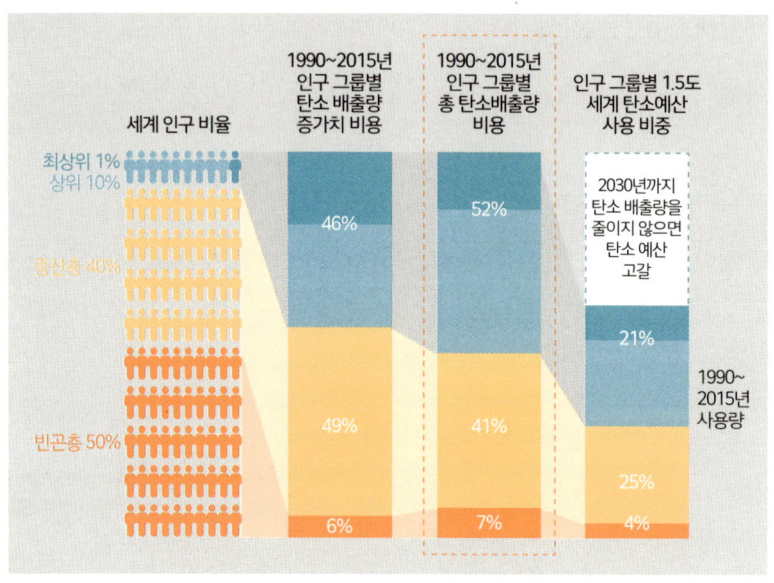

1990~2015년 사이 소득수준에 따른 탄소 배출량(옥스팜)

을 배출했어요. 중산층 40%는 41%로, 비례적으로 보면 자신의 몫만큼을 배출하고 있죠. 이 자료에서 상위 10%가 만든 문제를 하위 50%가 감당하고 있는 걸 한눈에 확인할 수 있어요.

이에 더해 옥스팜은 「생명을 위협하는 탄소 불평등 보고서」(2024)에서, 부유한 억만장자 50명이 1시간 30분 동안 배출하는 탄소량이 일반인이 평생 배출하는 양보다 많고, 이들이 1년 동안 비행기를 타고 다니면서 배출하는 탄소량이 일반인이 300년 동안 배출하는 양과 비슷하다고 밝혔어요. 또한 요트를 타고 다니며 배출하는 탄소량은 일반인이 860년 동안 배출하는 양이라고 말하죠. 게다가 소위 억만장자로 불리는 슈퍼리치들이 투자하는 대상의 40%가 석유, 광업, 해운, 시멘트와 같은 오염산업에 집중되어 있다고 해요.[25]

요약하자면, 소득이 많은 사람이 이산화탄소를 훨씬 더 많이 배출하는 거죠. 특히 소득 상위 10%의 탄소 배출량은 전체 탄소 배출량의 절반을 차지할 정도로 압도적이에요. 이것은 기후변화 안에 다음과 같은 명확한 부조리가 숨어 있다는 걸 드러내죠.

"기후변화의 문제를 만드는 집단이 따로 있고, 그로 인해 피해를 보는 집단이 따로 있다."

기후변화로 인한 재난은 평등하지 않다

지금까지 살펴본 바와 같이 기후변화는 자연재해로 이어져요. 그리고 파키스탄, 동아프리카의 사례에서 알 수 있듯이 그 피해를 이 문제에 대한 책임이 덜한 국가, 집단, 개인이 받게 돼요.

많은 사람이 자연재해는 모두에게 공평하게 다가온다고 생각해요.

자연재해는 부유한 국가이든 가난한 국가이든, 부자이든 가난한 사람이든 가리지 않는다고 믿는 거죠. 하지만 자연재해가 미치는 사회적 문제를 연구해 온 미국 컬럼비아대학교 지구환경과학부 존 머터 교수는 실제로는 그렇지 않다고 답해요.[26] 그는 재난당 사망자를 결정하는 가장 중요한 요소가 소득수준이라고 강조해요. 일반적으로 부유한 이들이 더 안전한 환경에서 거주할 가능성이 크기 때문이죠. 소득수준이 높을수록 재난에서 피해를 볼 확률이 낮아지고, 소득수준이 낮을수록 그 반대가 되는 거예요.

재난에 대한 피해뿐만이 아니에요. 재난 이후 복구와 수습 역시 불평등하게 이루어져요. 국가나 행정기관은 부유한 이들이 사는 지역의 피해를 복구하는 데 먼저 자원을 투입해요. 이들이 정치·사회·경제적으로 더 영향력이 강하기 때문이죠. 심지어 부유한 이들은 보험을 가지고 있을 확률이 높아서 재난 이후에 보험금 수령을 통해 더 나은 삶을 누리게 되는 '재난 젠트리피케이션'까지 일어나곤 하죠.

이런 분석은 우리나라에도 그대로 적용돼요. 앞서 보았듯 기후변화로 인해 기온이 높아지면 더 많은 비가 쏟아지고, 물난리로 이어져요. 주거 유형으로 볼 때 우리나라에서 이런 물난리에 가장 취약한 집단은 반지하에 사는 사람들이에요. 2024년 12월 기준으로 전국에서 39만 8천여 가구가 반지하에 살고 있어요. 이 중 97%가량의 가구가 수도권에 집중되어 있죠. 그렇다 보니 수도권에 폭우가 쏟아지면 반지하에 사는 사람이 피해를 볼 확률이 높아요.

2022년 8월 8일, 서울에 엄청난 폭우가 쏟아졌어요. 이때 반지하가 몰려 있는 어느 구에서는 집중호우로 4,000여 가구가 순식간에 침수되었어요. 장애인 가족 세 명이 반지하에서 탈출하지 못해 목숨을 잃은 비극적인 사건도 일어났죠. 빈곤에 장애라는 사회적 취약성이 겹치면 어떤 일이 벌어질 수 있는지 보여 주는 대표적 사례예요. 이 사건 이후 정부와 지방자치단체가 나서서 반지하를 더는 사람이 사는 공간으로 두지 않겠다며 각종 사업을 펼쳤어요. 주거 공간을 지하에서 지상으로 끌어내는 일종의 '주거 상향' 정책이었죠. 하지만 2023년 6월 기준으로 이 정책을 통해 반지하를 벗어난 주민은 1.1%에 불과했어요.[27] 대부분은 반지하 공간에 고스란히 남았지요. 또 반지하 중 침수 피해에 그나마 대응할 수 있는 물받이 시설을 갖춘 곳은 60%가량이었어요. 물론 급조된 이 시설이 정말 효과가 있는지는 미지수로 남았죠.

기후변화가 소득수준에 따라 미치는 영향은 자연재해뿐만 아니라 우리 일상에서도 드러나요. 여러분, 세상에서 가장 더운 곳은 어디일까요? 대다수 연구자가 이렇게 말해요. "바로 가난한 사람들이 사는 곳이다!" 2021년 미국 포틀랜드에서 44.5도까지 기온이 치솟은 날이 있어요. 이날 포틀랜드주립대학교의 도시계획과 비벡 샨다스 교수는 포틀랜드의 빈민 지역인 렌츠와 부유한 지역인 윌래밋 하이츠의 온도를 측정했어요. 같은 날씨에서 부유한 동네의 평균기온이 37.2도였던 반면 빈민 지역은 51.1도까지 올라갔어요. 거주지에 따라 거의 15도 차이가 났던 거죠.[28]

이 차이를 만든 주요 원인은 녹지공간이었어요. 부유한 지역에 녹지와 공원이 몰려 있었거든요. 반면 빈민가는 녹지공간 부족, 질 나쁜 건축 자재, 냉방 시설의 부재나 에너지 효율이 낮은 냉방 시설로 인해 더위를 막을 방법이 없었어요. 여기서 주목할 점은 가난한 이들이 소유한 에너지 효율이 낮은 냉방 시설이에요. 효율이 낮을수록 많은 전기를 소모하여 전기료가 더 많이 나와요. 결과적으로 부자들은 에너지 효율이 높은 냉방 시설을 쓰며 더 많은 탄소를 낮은 가격으로 배출하는 반면, 가난한 이들은 더 적은 탄소를 높은 가격으로 배출하는 상황이 만들어지는 거죠.

기후변화는 세대 간 불평등도 만들어요. 2021년 『사이언스』지에 게재된 「극한 기후 노출로 인한 세대 간 불평등」에 대한 연구를 보면 [29] 2020년에 태어난 아이들은 1960년에 태어난 어른들보다 더 극심한 폭염 속에 살 확률이 7배, 더 많은 산불을 겪을 확률이 2배, 가뭄·홍수·기근에 시달릴 확률이 3배에 이르러요. 이 연구는 40세 이하 사람들이 "그 이전에는 없었던" 삶을 살아가게 될 것이라 경고해요. 한마디로,

미래 세대는 지구에서 더 많은 고통을 겪으며 살게 될 거라는 거죠. 이런 세대 간 불평등이 이제 정신 건강까지 확산되고 있어요.

기후변화는 정신마저 병들게 한다

혹시 '기후 우울증'이란 표현 들어봤나요? 2024년 7월, 고교생 독서캠프에 초대받아 참석한 적이 있어요. 그때 한 학생이 발표 자리에서 자신이 기후변화로 인해 기후 우울증을 너무 심하게 앓았다고 말했어요. 주변을 둘러보니 많은 학생이 이 말에 공감하는 표정을 지었죠.

기후 우울증. 너무 빠르고 심각한 기후변화 앞에 불안, 공포, 무력감을 느끼는 현상을 말해요. 2010년대에 들어오며 쓰이기 시작했고, 2017년 미국 심리학회가 공식적으로 받아들인 우울장애 중 하나예요. 심각한 기후변화가 일으키는 커다란 재난을 목격하며, 두려움 때로 공포에 휩싸여 이제 더는 이런 변화를 막을 수단이 없다고 무력감을 느낀다면 기후 우울증이라고 볼 수 있죠. 미국의 클레이튼 페이지 알던 같은 뇌과학자는 기후변화가 실제로 우리 뇌를 바꾸어 놓는다고 말하는데, 기후 우울증도 같은 맥락에서 볼 수 있어요.[30]

여러 조사를 보아도 기후변화가 우리 삶에 미치는 영향을 많은 사람이 피부로 느끼고 있어요. 예를 들어 2019년 3월 한국리서치에서 실시한 「피부로 와 닿은 기후변화」 여론조사 보고서를 보면 기후변화가 일상생활, 사회·경제활동, 재산 및 건강에 영향을 줄 것이라고 동의하는 사람이 82%에 이르러요. 10명 중 8명 이상이 인식하는 문제라면 사실상 사회 전체가 인식하고 있다고 보아도 좋은 수준이에요. 이 조사에서 주목할 점은 기후변화로 인해 가장 영향을 받는다고 본 항목이 '폭염, 한파, 대기오염 등으로 인한 건강 악화'(75%)라는 답변이에요. 평범한 사람들조차 기후와 건강의 관계를 이미 알아차리고 있었던 거죠. 이 우려는 현실로 드러나고 있어요.

2024년 우리나라 연구자 5명이 '기분장애학회'의 공식 저널에 발표한 논문 「한국에서 기후변화로 인한 기온 상승과 우울증 간의 연관성」을 보면 놀랍게도 둘 사이에 관련성이 있다고 드러나요.[31] 이 연구는 2021년 지역사회건강조사에 참여한 21만 9,187명을 대상으로 분석한 결과를 담고 있는데, 대상자들이 사는 지역에서 기온이 1도 상승할 때마다 우울증 증상 호소가 13%씩 늘어났다고 해요. 특히 청년, 도시지역, 한 지역에 오래 거주한 사람이 더 취약하다는 보고를 담고 있어요. 이 연구에서도 취약층에 '청년'이 포함되어 있어요. 정신 건강에서도 기후변화가 세대 간 불평등을 만들고 있음을 추론할 수 있죠.

이 연구뿐만 아니에요. 2021년 영국의 배스대학교가 다섯 개 대학과 협력하여 10개 국가에서, 16살에서 25살 사이 청년 1만 명에게 기후변화와 관련된 의식조사를 했어요.[32] 이때 거의 60%에 해당하는 젊은이들이 기후변화를 '매우 걱정한다.', '심각하게 걱정한다.'라고 답했어요. 또한, 응답자 45%가 기후변화가 일상생활에 영향을 미치고 있다고, 75%가 미래가 두렵다고, 56%가 인류가 이제 멸망할 처지에 있다고 답했어요. 또 전체의 3분의 2에 해당하는 응답자가 슬프고, 두렵고, 불안하다고, 많은 청년이 공포, 화, 절망, 슬픔, 부끄러움을 느낀다고, 정부가 기후변화에 대한 대응에 실패하고 있다고 응답했어요. 기후변화에 대한 불안이 정부와 어른에 대한 배신감으로, 정부와 어른이 자신들을 무시하고 포기해 버렸다는 감정으로 이어지고 있음을 확인할 수 있죠. 젊은이 대다수가 심각하게 '기후 불안'을 느끼고 있는 거예요.

기후변화에 돌봄은 필수다

모두가 알다시피 산업화 이후 인간이 온실가스를 지나치게 많이 배출한 게 기후변화의 원인이에요. 산업화를 주도한 세력은 선진국과 부유한 이들이지만, 그 피해는 상대적으로 빈곤한 이들, 특히 미래 세대에 떠넘겨지는 상황이죠. 능력주의 관점에서 본다면, 능력 있는 자들이 문제를 만들고 그렇지 않은 자들에게 피해를 주는 거예요. 이 때문에 '기후 정의'(climate justice)가 주목 받을 수 있었어요.

우리는 자신의 능력과 노력이 남에게 피해를 줄 거라고 생각하지 않아요. 하지만 기후변화 문제에서는 '노력해서 성공했다.'라며 도덕적 우월성을 내세우는 사람들이 명백히 도덕적 불의의 중심에 있어요. 그렇기에 기후변화에 대응하는 돌봄은 능력주의 논리를 벗어날 수 있어요. 이에 더하여, 기후변화는 능력주의자에게도 결국엔 좋지 않은 결과로 이어질 수밖에 없어요. 자신이 만든 재난이 자신에게 찾아올 확률이 남들보다 낮다는 점에선 행운이지만, 여전히 자신에게도 재앙이 될 가능성이 있어요. 그런 점에서 기후변화에 대응하는 돌봄에 참여할 동기가 될 수 있지 않을까요? 능력주의자라고 해서 폭염, 홍수, 산불, 기근을 반길 리는 없으니까요. 이를 해결하기 위해 빈곤에서 벗어날 수 있는 더 나은 삶의 환경을 제공하기 위한 돌봄, 더 나아가 미래 세대가 느끼는 정신적 좌절감을 극복할 수 있는 정신적 돌봄이 필수적으로 동반되어야만 해요. 이제 여러분도 그 필요성을 잘 이해하고 있을 거라 믿어요.

다행히도 우리나라는 기후변화의 심각성에 대한 국민 인식이 아주 높은 나라예요. 2022년 OECD의 「기후변화대응」 보고서를 보면, "우리나라는 기후변화가 매우 중대한 문제인가?"라는 질문에 94%가 그렇다고 답해서 전체 1위를 차지했을 정도죠.[33] 하지만 아쉽게도 요즘 들어 기후변화에 대한 인식이 무뎌져 가는 듯 보여요. 특히 2024년 한 국리서치의 기후변화에 대한 의식조사를 보면 이런 현실을 엿볼 수 있어요. 한국리서치는 기후변화와 관련해 2019년과 2024년에 같은 질문으로 여론조사를 했어요. 이 조사에서 "기후변화가 본인의 일상생활, 사회·경제활동, 재산 및 건강에 심각한 영향을 준다고 생각하십니까?"란 질문에 그렇다고 답한 사람은 2019년엔 82%, 2024년엔 74%였어요. 2024년에도 여전히 높은 비율로 그렇다고 답하고 있지만, 2019년과 비교해선 8%나 떨어진 걸 볼 수 있어요.

특히 기후변화가 우리나라에 미칠 영향이 적을 거라고 보는 듯해요. 예를 들어 "폭염이나 혹한 피해가 심각해질 것이다."라는 예측에 그렇다고 대답한 사람이 전 세계적으로는 55%인데 반해 우리나라는 50%였어요. 관련된 모든 질문에서 전 세계적으로 입을 피해보다 우리나라가 피해를 덜 볼 거라 여기는 걸로 나왔어요. 물론 우리나라가 경제적으로 발전해 있고, 상대적으로 소득이 높은 국가이니만큼 합리적 판단이라고 볼 수도 있어요. 하지만 '기후변화에 우리가 너무 빨리 둔감해지고 있는 건 아닐까?' 하는 걱정도 들어요.

실제 기후변화는 우리 곁에 점점 더 가까이 다가서고 있어요. 예를 들어, 기후변화가 만드는 가장 대표적 현상인 온열질환자 수를 볼까요?[34]

2019년 기준, 전 세계에서 폭염 때문에 목숨을 잃는 이는 48만 9,000명이었어요. 태풍이나 홍수로 인한 사망자보다 더 많았죠. 2022년 유럽에선 폭염으로 6만 명이 넘게 목숨을 잃었어요. 2024년 질병관리청의 보고에 따르면,[35] 우리나라 온열질환자 수는 2020년 1,078명, 2021년 1,376명, 2022년 1,564명, 2023년 2,818명으로 3년 사이에 250% 이상 늘어났어요. 특히 2022년과 2023년을 보면 한 해 사이에 160%가량 증가했어요. 2024년에도 그 수가 3,704명으로 2023년과 비교해 31.4%가 늘어났어요.

상황이 이런데도 '우리나라는 피해가 덜할 거야.'라는 인식이 점점 더 확산한다면, 기후변화가 나에게 주는 영향이 심각하지 않다는 인식이 더 커진다면 어떻게 될까요? 그리고 이런 인식이 기후변화에 책임이 있는 사람에게 퍼져 간다면 어떻게 될까요? 특히 기후변화에 책임이 있는 사람들은 피해를 보는 당사자가 될 확률이 훨씬 낮기에 더 쉽게 이런 생각을 받아들일 거예요. 만약 이런 인식이 계속 퍼진다면 기후변화에 대응하는 돌봄은 점점 더 어려워질 거예요.

현재 기후변화는 같은 세대 내에서 소득 격차에 따른 삶의 질 차이를 심각하게 만들고, 세대 간에는 정신 건강의 격차를 만들어 내고 있어요. 심지어 미래 세대는 기성세대가 자기 이익을 위해 자신들을 포기하고 무시한다는 감정마저 느끼는 상황이에요. 그들 상당수가 좌절감, 우울증에 시달리고 있어요. 이런 상황에서 실질적인 삶의 질을 향상하고, 내가 보호받고 있다는 감정을 세대를 가로질러 확장하며, 더 나아가 기후변화에 책임이 있는 이들이 그 책임을 지는 길 중 하나로 돌봄은 필수적이에요. 그래서 말할 수 있어요.

"기후변화에 대응하는 데 돌봄은 필수적이다!"

3

인구 감소에
왜 돌봄이 필요할까?

'인구 폭탄이 터진다!' 혹시 이런 말 들어보셨나요? 1968년에 미국의 환경학자이자 진화생물학자인 폴 에얼릭이 『인구 폭탄』이라는 책에서 처음 이 표현을 쓴 이후 널리 퍼졌죠. 하지만 이제는 선진국에서 인구가 급격히 줄어들고, 세계 인구도 정체된 상태예요. 마냥 다행이라고만 할 수 없어요. 오히려 어려운 상황에 직면할 수 있기 때문이에요. 왜 그러냐고요? 지금부터 여러분과 이 이야기를 '돌봄'과 연관 지어 해 볼까 해요. 이야기 순서는 다음과 같아요.

첫째, 인구 감소, 어떤 속도로 일어나고 있을까?
둘째, 인구 감소가 축복이라고? 정말 그럴까?
셋째, 인구 감소에 어떻게 대응해야 할까?
왜 인구 감소에 대응하는 데 돌봄이 필수 요소일까?

대한민국 인구 감소, 흑사병 시대보다 빠르다?

2023년 12월 2일, 「뉴욕타임스」에 다음과 같은 칼럼이 올라와요. "한국은 사라지고 있는가?" 흔히 '인구소멸'이라는 말을 쓰는데, 그 질문을 우리가 아닌 「뉴욕타임스」의 칼럼니스트 로스 다우서트가 대신 묻고 있었죠.

다우서트는 한국의 합계출산율이 2023년에 들어와 0.7명대로 줄어든 사실에 주목해요. 그는 이 칼럼을 쓰는 이유를 한국이 선진국에서 일어나는 인구 감소 문제를 다루는 데 주목해서 봐야 할 주요 연구사

레이기 때문이라고 하죠. 실제 그가 알려 주는 인구 감소 속도를 보면 섬뜩하다는 느낌이 들어요.

만약 한 집단의 구성원이 200명이라고 할 때, 0.7명대의 출산율을 유지하면 다음 세대의 수는 70명으로, 그다음 세대의 수는 25명 밑으로 떨어져요. 생각해 보면, 200명이니 최대 100커플이 만들어질 수 있고, 0.7명의 출산율이라면 최대 70명이 출생할 수 있죠. 이 세대에선 최대 35커플이 이루어질 수 있고 확률상 최대 24.5명의 아이가 세상에 나올 수 있어요. 이걸 아주 쉽게 정리해 보자면, 0.7명의 출산율이 유지되는 상황에서 조부모 세대가 200명이라면 손주 세대가 25명 이하가 된다는 거예요. 다우서트는 이런 인구 감소 속도가 유럽의 흑사병 시대보다 빠른 거라며, 미국의 작가 스티븐 킹의 소설 『더 스탠드』(1978)에서 슈퍼독감으로 인해 인구 붕괴가 일어난 수준에 비유하죠.

정말 우리나라에서 인구가 빠른 속도로 줄어들고 있어요. 통계가 어느 정도 신뢰할 만한 수준으로 잡히기 시작한 이후 우리나라에서 가장 많은 아이가 출생한 해는 1971년이에요. 이 해에 102만 명이 태어났어요. 바로 전해인 1970년에도 101만 명이 태어났죠. 이 무렵에 태어난 아이들이 현재 우리 사회의 주축 역할을 하고 있어요. 1970년의 합계출산율을 보면 4.53명인데, 이 해에 태어난 이들은 대체로 4남매나 5남매라는 거죠. 이 합계출산율도 1960년 5.95명과 비교해 보면,

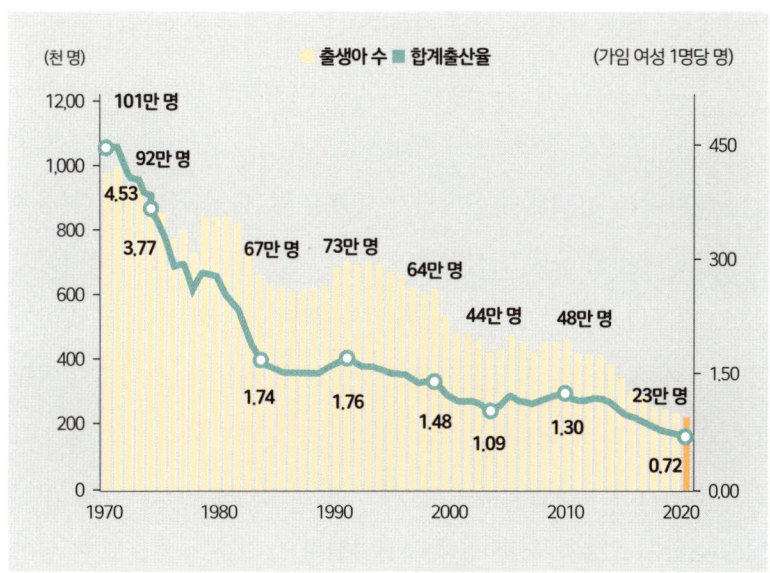

(천 명)　　　　　　　　출생아 수　■ 합계출산율　　　（가임 여성 1명당 명）

1970~2022년까지 출생아 수와 합계출산율 변화(통계청)

엄청 빠른 속도로 줄어든 거였어요. 80년대에 들어오면 더 빠르게 줄어들기 시작해요. 1983년에 인구가 거의 비슷한 수로 유지되는 대체인구율 2.1명 이하로 떨어지면서 저출생 현상이 본격화되었고, 2001년엔 초저출생 기준인 1.3명 이하로 떨어져요. 그리고 월드컵에 들떠 있던 2002년에 처음으로 50만 명이 채 안 되는 아이들이 태어나요. 「한국일보」에서는 이 세대를 100만 명 세대와 비교하며 '절반 세대'라고 이름 붙였어요. 이제 출생아 수는 2023년에 23만 명, 2024년 24만 명이에요. '절반 세대'의 '절반 세대'가 탄생한 거예요. 얼마나 빠른 속도로 인구가 줄어드는지 느낄 수 있지요. 1970년과 비교할 때, 반세기만에 1/4 수준으로 줄어든 거니까요.

우리나라는 2020년에 사망자가 30.8만 명, 출생아가 27.6만 명을 기록하며 총인구도 줄기 시작했어요. 그 뒤 꾸준히 인구가 줄어들고 있죠. 2016년 통계청은 2029년부터 사망자가 출생아보다 더 많아지는 인구 자연 감소가 시작될 거로 전망했는데, 9년이나 앞당겨 일어난 거예요. 이 당시 통계청은 2065년이 되어야 출생아 수가 26만 명이 될 거라 했지만 현실에선 2021년에 이미 26만 명대에 이르렀어요. 2023년에는 앞서 보았듯 23만 명대로 진입했지요. 정말 '국가소멸'이 일어나고 있는 걸까요?

인구가 줄어들면 축복일까?

'국가소멸.' 인구가 급격히 줄어들어 국가가 사라진다는 의미죠. 인구와 관련해 '소멸'이라는 말은, 2014년 일본의 총무대신을 지낸 연구자 마스다 히로야가 처음 썼어요. 2040년이 되면 인구 감소 때문에 일본의 지자체 절반이 사라질 거라며 말이죠. 2023년에 세계적인 인구학자인 영국 옥스퍼드 대학교 데이비드 콜먼 명예교수가 한국이 지구 위에서 사라지는 1호 인구소멸국가가 될 거라는 경고를 내놓으며 이 말이 더 많이 주목받았어요.

어떤 사람들은 말해요. 인구가 줄어드는 게 축복이라고. 그렇지 않아도 지구에 지나치게 인간이 많은데, 인구가 줄어들면 지구에도 좋고, 장기적으로 우리 아이들도 너무 경쟁하지 않으며 일자리를 구할 수 있으니 좋을 거라며 말이죠. 이 말은 '절반의 진실'이라 표현해야 해요. 지구의 입장에서, 인류의 처지에서, 장기적인 견지에서 볼 때 인구가 줄어드는 건 좋은 일이에요. 하지만 국가의 입장에서, 지역공동체의 처지에서, 중단기적 견지에서 볼 때 인구가 단기간에 너무 많이 줄어드는 건 바람직하지 않아요.

2024년 4월, TBS에서 인구 감소와 관련된 프로그램의 진행을 맡은 적이 있어요. 제목은 '만권의 초대: 아이가 사라진 세상.' 촬영 장소는 경기도 파주 법원읍에 있는 금곡초등학교였어요. 서울에서 1시간도 채 떨어지지 않은 곳이죠. 1998년에 학생 수 감소로 폐교된 뒤 거의 20년쯤 버려졌다가 2017년부터 '독서가 있는 캠핑장'으로 꾸며져 지역주민이 찾는 문화공간으로 쓰이고 있어요.

그때 금곡2리 이장님이 초대 손님으로 출연했는데, 바로 금곡초등학교 졸업생이었어요. 그런데 이장님이 인터뷰에서 이렇게 말해요.

'20~30대 젊은이가 전혀 없다. 내가 50대 중반(70년생)으로 이장을 맡고 있는데 내 밑에 형님들 나이가 59년생, 58년생 이렇다. 내가 이장이지만 따지고 보면 이 마을의 막내다. 이곳엔 90세 넘은 어르신도 계신다. 심각한 고령화 마을이다. 그런데 이 고령화가 단계적으로 천천히 이뤄진 게 아니라 급속도로 진행이 되었다. 그래서 문제가 생기더라.'

언뜻 평범해 보이는 이 인터뷰는 엄청나게 중요한 사실을 담고 있어요. 우리나라는 너무 빠른 출생아 감소에 너무 빠른 고령화까지 겹쳐 더 고려할 요소가 많다는 거예요.

저는 앞서 국가의 입장에서, 지역공동체의 입장에서, 중단기적 측면에서 보면 인구가 너무 빨리 줄어드는 게 바람직하지 않다고 했어요. 그 이유는 산업혁명 이후 인간이 만든 대다수 체제가 인구가 계속 늘어난다는 전제 위에 세워졌기 때문이에요. 산업혁명 이후 세계에서 인구가 줄어든 적이 거의 없어요. 그러다 보니 어떠한 시스템을 만들든 인구가 늘어날 거라는 사실을 고려했죠.

예를 들어 경제를 볼까요? 경제적으로 본다면, 인류가 불평해 온 건 단순히 인구가 늘어난다는 게 아니라 너무 빨리 감당할 수 없는 속도로 늘어난다는 거예요. 토머스 맬서스(1766~1834)는 『인구론』에서, 식량은 산술급수적으로 늘어나는 데 비해 인구는 기하급수적으로 늘어난다며 걱정했죠. 이런 상황만 아니라면 경제적으로 볼 때 인구가 늘어나는 건 나쁘지 않아요. 인구가 늘어나면 잠재적 수요가 늘어나고, 잠재적 수요가 늘어나면 투자가 생겨나고, 투자가 많이 이루어지면 경제가 활력 있게 성장할 수 있거든요.

마찬가지로 인구가 줄어들면 반대 현상이 일어나요. 잠재적 수요가 줄어들고, 따라서 투자가 줄어들고, 내수경제가 위축되지요. 그러면 수출을 늘리면 되지 않냐고 할 수 있지만, 그게 쉽지 않아요. 2023년 세계 합계출산율이 2.1명대로 떨어졌다는 보도가 나왔어요. 세계 수준에서 인구를 현재 상태로 유지하기 위한 출산율을 세계 대체출산율이라고 부르는데 이게 2.2명이에요. 선진국은 이보다 낮아서 2.1명 정도죠. 그런데 「월스트리트」가 2024년 5월 13일에 보도한 바에 따르면, 2023년 세계 합계출산율이 세계 대체출산율 아래로 떨어졌다고 해요. 「월스트리트」는 이 분석을 내놓은 펜실베이니아대 인구 경제학자 헤수스 페르난데스 빌라베르데 교수의 말을 빌려 "인구통계학적 겨울이 다가오고 있다."라고 보도했어요. 2021년 세계 합계출산율이 2.23명이니 「월스트리트」의 보도가 연구 하나를 너무 일반화해서 내놓은 것도 아니에요. 세계인구는 우리의 예상보다 훨씬 빨리 정체 상태로 들어갔어요.

전 세계의 과학자들, 경제학자들, 언론인들, 정책활동가들이 함께 지구를 위해 행동하자는 '어스포올(Earth4All)'이란 단체가 있어요. 어스포올이 세계 인구와 관련해 내놓은 두 가지 시나리오를 봐도 세계 인구가 줄어드는 게 보여요.[36] 첫 번째 시나리오는 2050년에 86억 명으로 정점을 찍고 2100년이 되면 70억 명으로 줄어들 거란 예측이에요. 두 번째 시나리오는 훨씬 급진적인데, 2040년에 85억 명으로 정점을 찍고 2100년에 60억 명으로 감소할 거라 보고 있어요. 이처럼 세계 인구가 정체되거나 줄어든다면 기본적으로 수출도 늘리기 어려울 거예요. 이제 인류는 인구가 늘어나지 않는 세계, 더하여 선진국은 인구가 줄어드는 세계에서 살아야 해요. 산업혁명 이후 경험해 보지 못한 상황을 맞이하는 거죠.

이뿐만 아니에요. 한 국가나 지역에서 인구가 너무 빨리 줄어들면 환경에도 문제가 생길 수 있어요. 예를 들어, 빈집이 많이 생겨나면서 문제가 생겨요. 빈집이 폐가가 되고, 폐가가 된 빈집은 환경에 영향을 주죠. 잡초, 벌레, 곰팡이 등이 생겨 번지며 주변을 폐허로 만드는 경향이 있거든요. 일본이 이 문제를 이미 겪고 있는데, 2023년에 버려진 빈집이 이미 천만 채를 넘어서며 골머리를 앓고 있어요. 빈집이 넘쳐나니 주택 가격도 따라 떨어져서 100엔짜리 집, 우리 돈으로 1,000원 정도밖에 하지 않는 집도 생겨나고 있어요. 철거나 수리에 돈이 드니 정부나 지방자치단체가 관리하기도 어려워요.

이에 더해서 인구가 줄어드는 지역, 특히 빈집이 생겨나는 지역에

서는 주요한 삶의 기반이 차츰 사라져 생활이 불편해져요. 학교와 어린이집이 사라지고, 병원과 약국이 사라지고, 슈퍼마켓과 이발소와 미용실도 사라져 버리죠. 이런 시설이 사라지면 자연스럽게 일자리가 줄어들고, 소비도 줄어들어 경제가 축소돼요.

우리나라도 비슷한 현상이 나타나고 있어요. 2021년 6월 대통령 직속 국가균형발전위원회 '농산어촌 유토피아 특별위원회' 2차 회의에 보고된 내용을 보면, 농촌에 빈집만 26만 채이고, 농촌의 면 지역 1,182곳 중 병원이나 의원이 없는 곳이 76%예요. 또 슈퍼마켓이 없는 곳은 45%, 이·미용실이 없는 곳은 43%, 어린이집이 없는 곳은 37%나 돼요. 그런데 이게 2017년에 조사한 수치라고 해요. 여기에 더해 빈집, 마을 가까운 곳에 자리 잡은 산업시설 등이 만드는 환경 파괴와 악취 등 때문에 생활이 더욱 어려운 상황예요. 이곳에 사는 사람들의 삶의 질은 어떻게 될까요? 사람이 많이 살고 있었다면, 이런 일이 일어났을까요?

인구 감소는 큰 도시에만 유리하다

농산어촌의 현실을 보면서 사람들이 흔히 하는 말들이 있어요. "지금 농촌에 사람이 없다.""특히 젊은이가 없다." 이 말엔 몇 가지 중요한 의미가 담겨 있어요.

첫째, 인구가 도시로 몰린다.
둘째, 농촌에 젊은이들을 위한 일자리가 없다.

우리가 너무나 잘 알고 있는 현실로, 바로 앞에서 어떤 상황인지 조금이지만 살펴보았어요. 그런데, 이 말들엔 중요한 진실이 가려져 있어요. '대다수 중소 도시에 일자리가 없다.' '심지어 일부 대도시에도 일자리가 없을 수도 있다.' '그래서 중소 도시에도 젊은이들이 없고, 일부 대도시에서도 젊은이들이 떠날 수 있다.' 우리보다 인구 감소를 먼저 겪은 국가에서 일어난 일이고, 우리나라에서 일어나는 일이기도 해요.

경제발전을 먼저 이룬 국가들은 우리보다 훨씬 빨리 인구 감소를 겪었어요. 이 과정에서 '중소 도시들'이 몰락하는 현상이 나타났지요. 특히 제조업 중심도시가 빨리 몰락했어요. 경제가 발전할수록 산업의 중심이 서비스로 옮겨지기 때문이죠. 부가가치가 상대적으로 높은 전문 과학기술이나 사업지원 서비스 같은 지식 서비스 산업의 비중이 늘어나고, 지식 서비스 산업의 기반이 되는 교육, 더하여 삶의 질을 높이는 사회복지 서비스 산업 쪽으로 이동하는 경향이 있어요. 혹 제조업이 주력 산업으로 계속 남는다고 해도 자동화 과정에서 로봇이 사람을 대체하곤 하죠. 제조업 중에서도 반도체 같은 정보통신 관련 비중이 늘어나요. 이 과정에서 제조업 중심 도시에서 일자리가 사라지고, 일자리를 따라 특히 젊은 세대가 이동하는 현상이 나타나요. 이들이 정착하는 곳은 결국 일자리가 많은 대도시예요.

이건 우리나라에서도 마찬가지예요. 제조업이 주축을 이루는 도시에는 포항, 울산, 창원, 거제, 여수 등이 있어요. 지방에서 지역 경제를 든든히 지켜온 도시들이죠. 그런데 지난 10년 동안 이 도시를 떠난 청년이 20만 명에 이르러요.[37] 새로운 일자리가 부족하기 때문이에요. 일자리가 부족하니 당연히 경제성장이 멈추고 인구가 다른 곳으로 빠져나가죠. 특히 새로운 교육을 받은 젊은 층은 연구개발(R&D)이나 설계와 같이 부가가치를 높게 창출하는 일자리를 찾아요. 그런데 우리나라는 이런 일자리가 수도권에 집중되어 있어요. 그래서 젊은이들이 일자리를 찾아 수도권으로 이동할 수밖에 없는 상황이에요.

특히 우리나라 제조업 중 주력 산업인 자동차, 조선, 철강 쪽의 일자리 대다수가 남성들의 일자리에요. 2020년을 기준으로 자동차 산업에서 여성 비중은 5.5%밖에 되지 않아요. 철강 쪽에선 4.7%밖에 되지 않죠. 그러면 자동차 산업이 주력인 울산이나 철강 산업이 주력인 포항의 경우 어떤 일이 일어날까요? 젊은 여성 상당수가 일자리를 찾아 도시를 떠나게 되죠. 2023년 울산시의 「울산광역시 청년통계」에 따르면, 울산의 2030세대 성비는 56 대 44로 12%나 격차가 벌어져 있어요. 전체 성비가 51.4 대 48.6인 것과 비교해 봐도 큰 걸 알 수 있죠.

도시에서 젊은 여성이 줄어들면 어떤 일이 일어날까요? 자연스럽게 결혼율과 출산율이 떨어져 도시 전체의 인구가 감소하게 될 거예요. 동시에 도시는 더욱 남성 친화적 도시가 되고, 이런 도시를 떠난 여성은 다시 돌아오지 않는 현상이 나타나죠. 앞서 본 울산은 매우 상징적인 사례인데, 최근엔 이 도시가 서울보다 평균 소득이 높은 곳이기 때문이에요. 소득이 아무리 높아도 젊은 여성이 없으면 인구가 늘지 않는다는 걸 확인할 수 있어요.

누군가는 이렇게 물을 수도 있어요. "예전에도 울산과 포항 같은 도시에는 남성 일자리가 대부분이었다. 과거에는 그렇지 않았는데 왜 요즘 젊은 여성은 도시를 떠나는가?" 그건 삶의 방식이 달라졌기 때문이에요. 예전에는 남성이 가족을 부양할 돈을 벌어오고, 여성은 집 안에서 아이들의 양육을 책임지는 방식으로 분업이 이루어졌어요. 여성이 군이 일자리를 찾아 도시를 떠날 이유가 없었죠. 당시에는 결혼하는 시기도, 아이를 낳는 시기도 지금보다 훨씬 빨랐죠. 하지만 이제는 많은 여성이 일자리를 찾고, 결혼한 남성도 배우자가 함께 일하며 가정을 부양하길 원해요. 2009년 한 결혼정보회사의 조사에 따르면, 20대 미혼 남성의 35%가 배우자의 경제력이 자신보다 높았으면 한다는 바람을 드러냈어요. 2012년에 또 다른 결혼정보회사에서 조사한 결과를 보면 29~34세 미혼남성 중 88%가 맞벌이를 원한다고 나와요. 이제 남성은 현실적으로 혼자 벌어서 살 수 없다고 생각하고 있고, 여성도 경제적으로 자립하기 위해 일하고 싶어 하죠. 그러니 여성이 일자리를 찾아 자신이 성장한 곳을 떠나는 일이 벌어지는 거예요.

그런데 이런 현상이 대한민국 제2의 대도시인 부산에서도 나타나요. 1990년대 부산은 인구가 400만 명에 육박하는 대도시였어요. 그런데 2015년에 350만 명대로 줄어들고, 2024년엔 330만 명에도 미치지 못하고 있어요. 1990년대와 비교하면 60만 명 이상이 줄어든 거죠. 그 이유는 간단해요. 부산에 젊은이를 위한 충분한 일자리가 없기 때문이에요. 부산 역시 제조업 중심 일자리가 대부분이었는데, 이 일자리들이 줄어들고 대체할 좋은 일자리가 생기지 않아 젊은이들이 수도권 지역으로 이동하고 있는 거죠. 우리나라 제2의 대도시인 부산마저 인구 감소 상황에 몰리고 있어요. 2025년 2월 영국의 「파이낸셜 타임스」는 "멸

수도권 20대 인구 유입 추이(단위: 명)

8만 1,442

5만 3,869

4만 4,656

6만 3,506

2012   2017   2020   2022년

20대 고용률 순위(단위: %)

지역	순위	%
인천광역시	1위	66.5
경기도	2위	64.9
서울특별시	5위	63.0
전라북도	15위	51.2
광주광역시	16위	50.4
세종특별시	17위	49.1

2013~2022년 수도권 20대 인구 유입 추이와 고용률 순위(통계청)

종위기: 한국 제2의 도시, 인구 재앙을 우려한다."라는 기사를 내기도 했어요.

이 상태가 계속된다면 우리나라 도시 중 인구 감소에서 살아남을 수 있는 곳은 서울과 수도권 몇몇 도시뿐일 거예요. 이에 대한 해결책으로 흔히 '지역균형개발'을 이야기하지만, 이 말이 나온 지도 벌써 50년이 넘었어요. 본격적으로 논의한 지도 30년은 되었고요. 하지만 그 무엇도 제대로 이루어지지 않은 상태예요. 인구가 급격히 줄어드는 상황에서 지역 간 불균형은 더 깊어지고 있어요.

2023년 통계청에 따르면, 실제로 2013년부터 2022년 사이 10년 동안 비수도권에서 서울, 경기, 인천 등 수도권으로 이동한 20대 인구가 59만 838명이었어요. 특히 지방에서 서울로 삶의 터전을 옮긴 청년의 수는 2.6배 늘었다고 해요. 2020년에는 수도권에 청년이 8만 1,442명이나 유입되었는데, 이때가 코로나19 팬데믹으로 인해 전국적으로 일자리를 구할 수 없었던 시기였어요. 이처럼 경제가 어려워지면 사람들은 막연하게나마 일자리가 있을 거라 기대하는 지역으로 더 많이 이동해요. 그 일자리가 많은 지역이 우리나라에선 서울인 거죠. 그러나 서울은 주거비가 비싸다 보니 상대적으로 비용이 적게 드는 인천광역시나 경기 지역으로 유입해서 서울 지역 일자리를 찾아요. 그래서 코로나19 팬데믹으로 인해 이동이 멈춘 때에도 우리 청년들은 일자리를 찾아, 소위 '서울 가는 길'을 택해 부지런히 움직였어요.

인구가 줄어들수록
더 큰 부담이 미래 세대로 간다

또 하나, 생각해야 할 요소는 우리나라의 인구 감소가 급격한 고령화와 함께 일어나고 있다는 거예요. 이때 두 가지 문제가 생겨요.

첫째, 국가의 생산력과 소비력이 동시에 감소한다.

둘째, 미래 세대가 부양할 의무와 몫이 많이 늘어난다.

첫 번째 문제부터 살펴볼까요. 왜 급격한 고령화와 함께 일어나는 인구 감소가 국가의 생산력과 소비력에 문제를 일으킬까요? 일단 활력 있게 일할 수 있는 15~64세 사이의 생산가능인구가 줄어들기 때문이에요. 통계청이 내놓은 「장래인구추계: 2022~2072년」을 보면, 2022년 3,674만 명인 생산가능인구가 2032년까지 3,342만 명으로 감소하고, 2072년엔 절반도 되지 않는 1,658만 명 수준이 될 전망이에요. 실제 인구 감소가 통계청 예측보다 빨리 일어나고 있으니 이보다 더 빨리 줄어들 수도 있어요. 이에 더해서 일반적으로 20~40대 사이를 가장 생산력이 좋은 연령대로 보는데, 우리나라 인구피라미드를 보면 이 연령대의 인구가 급격히 줄어들고 있어요. 다른 혁신이 없다면 생산력 감소를 피할 수 없다는 거죠.

소비력도 마찬가지예요. 보통 소비력이 가장 좋은 세대는 30~60세 사이죠. 이건 2021년 통계청이 발표한 「2021년 국민이전계정 결과」만 봐도 쉽게 알 수 있어요. 뒤쪽 그래프는 한 사람이 일생에 적자와 흑자를 보는 기간을 표시한 거예요. 우리나라에서는 27~61세 사이가 흑자 기간이에요. 27세 이전, 그리고 61세 이후는 적자를 보는 시기죠.

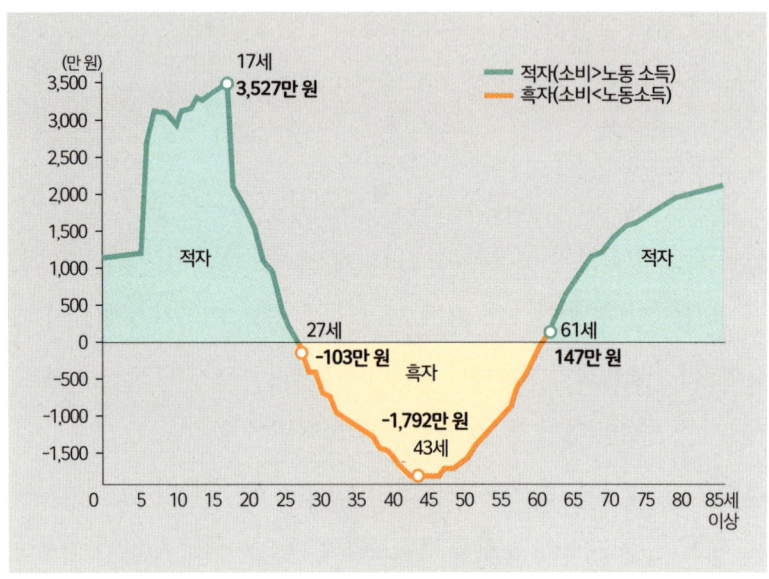

1인당 생애주기 적자(통계청, 2021)

　그렇다면 이 시기 중 언제 소비가 활발하게 이루어질까요? 당연히 소득이 높아서 흑자를 보는 시기겠죠. 그런데 우리나라는 65세 이상 고령인구 비율이 급격하게 늘어날 전망이에요. 통계청 자료를 보면, 2022년 17.4%에서 2025년 20.3%, 2036년 30.9%, 그리고 2050년에는 40%를 초과하게 돼요. 2047년에 37.4%가 되면 전 세계 최고 수준이 될 거란 예측이에요. 소비력이 감소할 수밖에 없는 상황이죠. 간단히 정리하면, 우리나라는 생산력과 소비력이 동시에 급격히 줄어드는 사회가 된다는 거예요.

이렇게 급격한 신생아 출산 감소와 고령화가 함께 일어나면 미래세대의 부양 부담이 매우 커질 수밖에 없어요. 한 사회의 복지 체계는 다음 세대로부터 돈을 빌려 오는 방식으로 이루어져요. 다음 세대는 그 다음 세대로부터 빌리고요. 그러므로 미래 세대의 인구수가 급격히 줄어들고 노령화 인구가 점점 더 늘어나면 그 돈을 빌려줘야 할 미래세대의 부담이 커지는 거예요.

생산가능인구 100명이 나머지 세대인 0~14세 유소년과 65세 이상 고령인구를 부양하는 비율을 총부양비라고 불러요. 통계청에서 발표한 「장래인구추계: 2022~2072년」에 따르면, 이 총부양비가 현재 우리나라는 0.4명으로 OECD 국가 중 하위권인 데 반해, 2072년에 이르면 1.2명으로 세계에서 가장 높은 수준이 돼요. 이런 문제를 제도 개혁을 통해 대비할 수도 있겠지만, 제도가 대처하는 데는 언제나 한계가 있어요. 미래 세대로부터 빌리는 방식으로 제도를 유지하려면 일정 수의 인구가 필요하거든요.

예를 들어 볼까요? 우리나라에는 65세 이상 노령인구에 지급되는 기초연금이란 제도가 있어요. 1장에서 이미 한 차례 설명했듯이 소득 하위 70% 선에 해당하는 모든 노인에게 지급되는 국가소득이죠. 이 제도는 원래 2014년 435만 명을 대상으로 시작되었는데, 당시 관련

예산은 6조 9천억 원이었어요. 그런데 정부 발표에 따르면 2025년 수급 대상자는 736만 명이고 그 예산은 26조 1천억 원에 이르러요. 수급비가 오르고, 대상자가 늘어나면서 예산이 3.8배 증가한 거예요. 결국, 이 부담이 누구에게 갈까요? 당연히 미래 세대예요. 고령화가 가속화되는 상황이라 기초연금 대상자는 계속 늘어날 거예요. 2030년이면 수급자가 914만 명이 될 거예요. 지금 우리나라의 인구 감소 경향이 그대로 지속된다고 할 때, 이 제도가 유지될 수 있을지 걱정이 되네요.

인구 감소에 어떻게 대응할까?

자, 그럼 인구 감소에 대응하려면 어떻게 해야 할까요? 이와 관련해 많은 연구가 다음 세 가지를 강조해요.

첫째, 양육비용의 문제 해결.
둘째, 가족 구성원 간의 동등한 삶의 기회 및 아이 중심 가족 지원.
셋째, 이민자들의 적극적인 수용.

그럼 비용 문제부터 이야기해 볼까요? 한국보건사회연구원이 내

놓은 「2012년 전국 출산력 및 가족 보건 복지실태조사」를 보면, 우리 나라에서 아이를 대학 졸업인 만 21살까지 양육하는 데 드는 비용은 총 3억 896만 원이에요. 그런데 이게 2009년보다 18% 늘어난 거예요. 「2015년 전국 출산력 및 가족 보건 복지실태조사」에서도 만 21살까지 양육하는데 3억 원쯤 비용이 든다고 나와요. 재수, 휴학, 어학연수 비용 등은 여기에 포함되지 않았어요. 2024학년도 수능 응시자의 35.4%가 고등학교를 이미 졸업한 사람들이었는데, 재수에 쓴 평균비용은 10개월 동안 4,000만 원쯤이라고 해요. 이러니 재수 한 번만 해도 양육 비용

이 확 늘어나겠죠.

그러다 보니, 요즘은 고소득층 가구에서 아이를 많이 낳는 경향이 있어요. 2022년 유진성의 「소득계층별 출산율 분석과 정책적 함의」를 보면, "소득 하위층의 출산율은 100가구당 3.21가구, 소득 중위층은 5.31가구, 소득 상위층은 8.22가구로 추정되어, 소득 하위층의 출산율이 소득 상위층 출산율의 39.1%에 불과"한 것으로 나와요. 이런 차이가 나타나는 건 양육 비용의 부담 때문이에요. 이 부담을 줄이는 일에서 시작해야 해요.

그런데 우리나라는 가족에 대한 공공지출이 낮은 국가예요. 보건복지부에서 펴낸 「통계로 보는 사회보장 2022」에 따르면 2020년 기준으로 우리나라의 가족에 대한 공공지출은 국내총생산의 1.6%로 현금 급여가 0.5%, 현물 급여가 1.1%를 차지하고 있어요. 같은 시기 OECD 38개 국가 전체 평균은 2.1%예요. 현금이 1.1%, 현물이 1.0%로 특히 현금 급여가 다른 국가의 절반에 미치지 못하죠.

이를 두고 누군가는 말할 수 있어요. "정부가 돈을 쓴다고 문제가 해결된다는 보장이 있어?" 맞는 말이에요. 하지만 정부가 돈을 쓰지 않으면 문제를 해결할 수 없는 게 현실이죠. 그럼 정부가 헛되게 돈을 쓰지 않게 하려면 어떻게 해야 할까요?

이때 필요한 조건이 가족 구성원 간의 동등한 삶의 기회예요. 예를 들어, 여성이 아이를 낳으면서 자기 직업경력이 단절된다면 적극적으로 출산하고 싶을까요? 경력단절은 단순히 경력이 끝나는 것만으로 그치지 않아요. 경력단절은 노령연금에도 영향을 미쳐요. 연금을 받으려면 가입 기간이 20년 이상이어야 하는데, 경력단절이 일어나면 그 기간을 채우기 쉽지 않아요. 보건복지부가 국회에 제출한 자료에 따르면, 2024년 기준으로 노령연금 가입 기간 20년 이상을 채운 남녀 비율을 보면 83.1%대 16.9%로 4배 이상 차이 나는 걸 볼 수 있어요. 실제 연금 수령액도 차이가 나요. 남성은 75만 원가량인데 비해 여성은 39만 원에 불과해요.[38] 절반이 조금 넘는 거죠. 경력단절뿐만 아니라 노후의 삶에도 차이가 나는 거예요.

그런데 여성가족부가 내놓은 「2024 통계로 보는 남녀의 삶」 보고서를 보면 육아휴직 비중은 여성 72%, 남성 28%예요. 매년 남성의 육아휴직 비율이 빠른 속도로 늘고 있지만, 2024년 기준으로도 육아휴직을 하는 여성이 7명 이상, 남성은 3명이 안 된다는 거예요. 결국, 여전히 육아의 책임이 여성에게 몰려 있다는 거죠.

과거와 달리 여성의 사회 진출이 늘어난 만큼, 여성도 남성과 동등하게 경력을 추구할 기회를 누려야 하고, 이를 위해 가사 및 육아 분담이 동등하게 이루어져야 해요.

또 부모가 아이들과 충분히 시간을 보낼 수 있도록 노동시간도 조

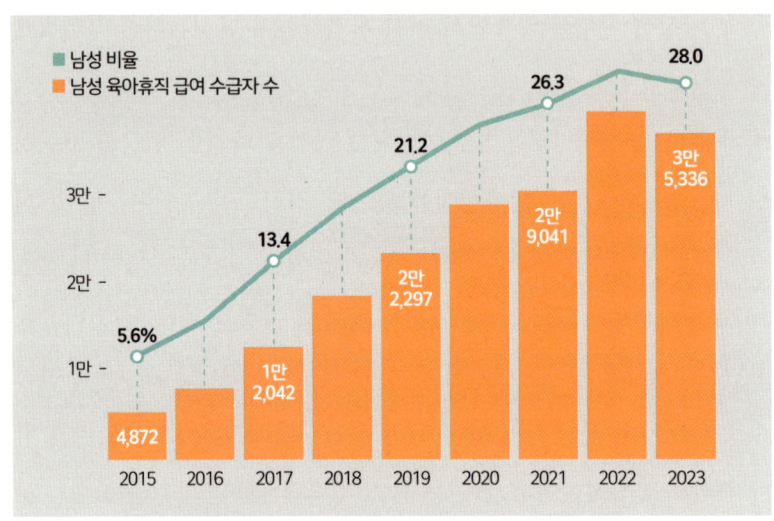

2016~2023년 사이 남성 육아휴직 급여 수급자 수 추이(한국고용정보원)

정되어야 해요. 우리나라는 2023년 기준으로 OECD 평균 노동시간인 1,719시간보다 155시간 더 많은 1,874시간 일하고 있어요. 만약 노동시간을 OECD 평균 수준으로만 줄여도 평일에 1시간씩 더 아이들과 시간을 보낼 수 있을 거예요.

여기에 더해 가족 지원을 부모 중심에서 아이 중심으로 옮길 필요가 있어요. 우리나라에서는 혼인신고를 한 부부 사이에서 태어난 아이들만 국가의 보호를 제대로 받을 수 있어요. 만약, 부모가 결혼하지 않은 상태에서 아이가 태어나면, 국가의 지원을 받기 위해 아주 복잡

한 행정절차를 거쳐야 하고, 그러고도 지원을 제대로 받지 못하는 상황에 놓여요. 태어나는 아이 한 명 한 명이 소중한 나라에서 부모가 결혼하지 않았다는 이유로 국가가 제대로 지원하지 않는다면 정말 어리석은 일이죠. 그런데 그런 일이 우리나라에서 일어나고 있어요. 2024년 통계개발원이 발표한 우리나라 비혼 출산 비율은 4.7%예요. 이에 비해 OECD 평균은 무려 42%예요. 프랑스 62.2%, 영국 49.0%, 미국 41.2%, 호주 36.5%에 비해서도 우리나라는 상대적으로 아주 낮아요. 그런데도 이 아이들을 충실히 보호하지 않는 거죠. 앞으로는 부모의 혼인 상태와 관계없이 출생한 아이들을 중심으로 지원하는 체제로 재빨리 옮겨 가야 해요.[39]

자, 지금까지 우리는 인구 감소에 대한 대응책으로 양육비용 문제, 가족 구성원 간의 동등한 삶의 기회 및 아이 중심 가족 지원에 대해 살펴보았어요. 하지만 우리보다 인구 감소를 먼저 겪은 국가의 경험을 보면 이 모든 노력으로도 이 문제를 해결하지 못했어요. 여기서 우리가 참고할 만한 사례가 바로 독일이에요.

2000년대 들어 독일 역시 인구 감소로 인한 노동력 감소 문제로 어려움을 겪었어요. 독일은 이 문제를 해결하기 위해 2015년부터 난민을 대거 받아들여요. 2015년에서 2016년 사이 시리아 전쟁으로 생겨난 중동 난민 119만 명, 2022년 이후엔 우크라이나 전쟁으로 인해 생겨난 난민 121만 명을 수용하여 총 240만 명을 받아들였죠. 2015년 이렇게 이민의 문을 열었던 이는 당시 총리였던 앙겔라 메르켈이었어요. 전직 과학자였던 메르켈은 정확한 데이터를 바탕으로 독일에서 출산율이 감소하고 인구가 고령화되는 상황, 결정적으로 노동력이 부족한 상황에서 노령연금 등을 유지할 수 없다는 판단을 내리고 독일 경제의 미래를 위한 자구책으로 난민을 수용하기 시작한 거예요.

독일은 2015년부터 난민을 수용하는 과정에서 1명당 1만 유로(약 1,400만 원) 정도를 썼어요.[40] 240만 명을 수용했으니 총 240억 유로 정도를 쓴 거죠. 노동력을 확보하기 위한 정책이니 당연히 난민들은 일자리를 얻을 수 있고, 생활비와 학교 교육을 지원받고, 사회보장제도까지 이용할 수 있어요. 이에 더하여, 외국인 중 배움이 모자란 사람도 일정한 직업교육을 받고 독일어를 배우는 과정을 거치면 독일에 쉽게 이민하도록 제도를 바꾸었어요.

돌봄 그 자체가 인구감소에 대한 최선의 대응책이다

앞으로 인구 감소는 필연적이에요. 인구 감소가 한번 시작되면 되돌리

기가 매우 어려워요. 인구 감소를 겪은 많은 국가에서 이미 검증되었지요. 그래서 인구 감소가 일어난다는 사실을 받아들이는 태도 그 자체가 매우 중요해요. 미국의 인구학자이자 도시학자인 앨런 말라흐도 "인구가 줄어들면 망하는 거야!" 같은 태도는 전혀 도움이 되지 않는다고 강조하죠.

앞서 금곡리 이장님의 인터뷰가 생각나지 않나요? "너무 급속도로 진행되니 문제가 생기더라." 결국, 인구가 줄어든다는 게 바꿀 수 없는 현실이며 그것이 장기적으로 이득이 된다고 하더라도, 우리가 감당할 수 있을 만큼 그 속도를 조절해야 해요.

그 대응책으로 우리는 세 가지 방법을 살펴봤어요.

첫째, 가족복지 공공지출을 늘려서 양육비용 문제를 해결한다.

둘째, 가족 구성원이 동등한 삶의 기회를 누릴 수 있어야 하며, 아이 중심 가족 지원이 이루어져야 한다.

셋째, 이민자들을 적극적으로 수용해야 하고 이들이 잘 정착할 수 있도록 지원이 이루어져야 한다.

이 모든 대책은 하나의 방향으로 모여요. '국가가 돌봄 체계를 새로 지어야 한다.' 돌봄 체계는 단순히 아이들을 위한 어린이집이나, 아프거나 노령에 이른 이들을 위한 요양 시설을 의미하지 않아요. 여기엔 정부의 사회복지 급여와 서비스 지출, 출산 전후 휴가, 가족 수당, 기타 현금 급여, 남녀의 동등한 육아휴직, 노동시간 단축, 이민자와 그 자녀에 대한 동등한 보호 제공 등이 모두 포함돼요. 이 모든 것이 톱니바퀴처럼 맞물려 돌아갈 때 인구 감소 문제에 적절히 대응할 수 있을 거예요.

인구 감소에 대한 대응책이 다방면으로 나와야 하겠지만, 지금까지 살펴본 바와 같이 어떤 대책을 고려해도 그 바탕에는 돌봄이 함께 해야만 해요. 그래서 이렇게 말할 수 있어요.

"돌봄 그 자체가 인구 감소에 대한 최선의 대응책이다!"

4

디지털 격차에
왜 돌봄이
필요할까?

"이제 기계가 인간을 대체하게 될 거야!" 이런 말 들어본
적 있나요. 챗GPT를 만든 오픈에이아이와 휴머노이드를
만드는 신생기업 피규어가 합작해 개발한 휴머노이드 로봇
피규어01을 보면 정말 그런 생각이 들기도 해요.
우리는 이런 시대를 '4차 산업혁명'이라 불러요.
이제부터 이런 변화에 관한 이야기를 돌봄과 연관 지어
이야기해 볼 거예요. 이 이야기를 하기 위해 답해 볼
질문은 다음과 같아요.

첫째, 4차 산업혁명이라고? 그 중심엔 어떤 기술이 있을까?
둘째, 아날로그 시대의 분배는 디지털 시대의 분배와
어떤 차이가 있을까?
셋째, 디지털은 정말 우리를 서로 연결할까?
넷째, 디지털 산업은 정말 오염되지 않은,
녹색의 청정 산업일까?

4차 산업혁명?
디지털 혁명!

2016년, 스위스의 다보스에서 세계경제포럼이 열렸어요. 매년 이곳 다보스에서 열려 다보스 포럼이라고도 하죠. 이 세계경제포럼의 창립자이자 회장인 클라우스 슈바프가 연설에 나섰어요. 그리고 이렇게 말해요. "이제 4차 산업혁명의 시대가 도래했다!" 슈바프는 4차 산업혁명이 '디지털 혁명인 3차 산업혁명에 기반을 두고 있으며, 디지털, 바이오, 물리학 등 기존 영역의 경계가 융합하는 기술혁명'이라고 정의했죠.[41]

'4차 산업혁명.' 너무 익숙한 용어라 꽤 오래된 표현 같지만 정작 그

역사가 아주 짧은 용어예요. 요즘 우리가 융합 학문이라는 표현을 많이 쓰는데, 이 표현이 유행하기 시작한 것도 이 무렵부터죠. 슈바프의 말을 분석해 보면, 이 '융합의 세계' 중심에 있는 게 디지털 기술이에요. 디지털이 있기에 융합이 가능한 거죠.

그런데 돌아보면 '3차 산업혁명'이란 표현이 일반화된 지도 얼마 되지 않았어요. 이 용어를 만든 이는 세계적인 경제사회 사상가인 미국의 제러미 리프킨(1945~)이에요. 2011년, 리프킨은 세계가 주목한 책을 출간해요. 바로 『3차 산업혁명』이었어요. 이 책에서 리프킨은 석유와 화석연료가 만들어 온 '오염된 동력원 중심의 산업혁명'이 끝나고, 인터넷 기술과 재생에너지가 결합하는 '녹색화된 지식 중심의 산업혁명'이 앞으로 다가올 것이라 선언했죠.

용어가 바뀐 걸로만 보면, 3차 산업혁명에서 4차 산업혁명으로 이동하는 데 단 5년밖에 걸리지 않았어요. 우선 3차 산업혁명을 보면, 1990년대 IT산업의 성장과 인터넷의 보급이 만든 '커뮤니케이션 혁명'이 이 변화의 핵심이에요. 리프킨은 석유라는 제한된 에너지원 대신 끊임없이 재생할 수 있는 녹색에너지와 결합하며 새로운 비즈니스 모델을 만들어야 한다고 주장하죠. 그리고 3차 산업혁명은 1, 2차 산업혁명이 만든 거대 기업 중심의 경쟁형 모델이 아니라, 재생에너지와 확장된 네트워크를 기반으로 수많은 중소기업이 결합하는 협력형 모델이 될 거로 예측해요. 리프킨은 3차 산업혁명 시대에는 각 가정이 3D 프린트를 갖추고, 네트워크로 전송된 디지털 파일을 3차원 제품으로 만들어 누구나 가정에서 물건을 생산할 수 있을 거라는 전망까지 내놓았죠.

리프킨이 내놓은 용어와 발상은 디지털 기술의 발전에 따라 세계의 모습을 어떤 방향으로 전환해야 하는지 고민하던 정책 결정자와 관련 전문가에게 엄청난 영감을 주었어요. 리프킨이 제시한 방향을 따라, 디지털 기술과 재생에너지를 결합하기 위한 정책이 각 국가에서 유행하기 시작했고, 이미 이런 방향으로 일을 시작한 유럽연합이 좋은 모델이 되었죠.

그런데, 인류는 정말 그 짧은 시간에 이런 3차 산업혁명 시대의 과제를 마무리하고 4차 산업혁명 시대로 옮겨 간 걸까요? 사실 대다수 전문가는 우리 시대를 리프킨이 말한 3차 산업혁명 시대라고 봐요. 이제 그 문을 연 단계란 거죠.

그런데도 '4차 산업혁명'이 유행어가 된 건 우리 시대의 기술 변화가 그만큼 빠르게 일어나고, 넓은 분야에 확장되어 보급되고 있다는 의미예요. 쉬운 말로, 우리 삶의 모든 분야에서 기술 발전이 빠르게 적용되고 변화를 일으키고 있다는 거죠.

생각해 보면 정말 맞는 말이에요. 가장 대표적인 제품이 '스마트폰'

이에요. 스마트폰은 IBM이 '사이먼'이라는 이름으로 1992년 처음 선보였지만, 배터리 수명이 짧고 사용자들이 조작하고 관찰하는 인터페이스(입력과 출력 형식)도 좋지 않아 금세 단종이 되었어요. 긴 배터리 수명과 편리한 인터페이스를 갖춘 첫 번째 스마트폰은 애플이 만든 '아이폰'이었죠. 아이폰은 2007년에 처음 출시되었고, 우리나라에선 2009년부터 판매되기 시작했어요. 삼성의 갤럭시 시리즈도 이때부터 본격적으로 출시되었고요. 이렇게 보면, 스마트폰이 일상화된 건 20년이 채 되지 않았고, 우리나라의 경우엔 15년 정도밖에 되지 않아요.

그런데 2022년 한국갤럽의 스마트폰 사용률 조사를 보면, 우리나라 스마트폰 보급률이 97%에 이르러요. 전 세계 보급률은 2022년 기준 76%인데, 전문가들은 이 수치가 사실상 거의 정점에 가깝다고 이야기해요. 우리 삶의 모습을 온전히 바꾸어 놓을 수 있는 수준이죠.

많은 사람이 이제 우리가 스마트폰에 중독되었다고 해요. 물론 철학에선 이를 달리 표현해요. "스마트폰이 우리 신체의 일부가 되었다." 이걸 '중독'이라 여기면 치료해야 할 질병이 돼요. 흔히 쓰는 '디지털디톡스'란 표현에 이런 생각이 담겨 있죠.

만약 스마트폰이 우리 신체의 일부가 되었다면 상황에 따라 적절히 통제하는 법을 배워야 해요. 수업 시간에 교실에서 손발로 책상을 쿵쿵 두드리지 않듯이, 상황에 따라 스마트폰을 적절히 쓰는 법을 익

히면 되는 거예요. '중독'이든 '신체의 일부'이든 이런 표현은 스마트폰이, 디지털 기술이 우리 일상과 신체와 이미 결합했다는 뜻이에요. 그리고 디지털 기술과 결합한 뒤로 우리 삶의 모습이 정말 급격히 변하고 있어요.

그렇다면, 어떤 변화가 일어났을까요? 그 변화를 더 실감할 수 있게 산업혁명 시대부터 이야기해 볼까요.

아날로그 기술 시대의 분배

1, 2차 산업혁명을 두고 동력원 혁명이라고 불러요. 1차 산업혁명 때 인간의 노동력에서 증기로 동력원이 바뀌었고, 2차 산업혁명 때 전기로 옮겨 갔죠. 이 시대는 몇 가지 측면에서 매우 중요해요. 우선 컨베이어벨트를 통해 물건을 대량으로 생산할 수 있게 되었어요. 그 덕분에 일자리도 많이 늘어났어요. 1, 2차 산업혁명을 이끈 동력원은 바로 석탄, 석유 같은 화석연료였어요. 이 시대를 '아날로그 기술 시대'라고도 불러요.

아날로그 기술 시대 사람들 역시 기계가 일자리를 빼앗아 갈까 두려워했던 적도 있어요. 예를 들어, 19세기 초반에 일어난 '기계파괴운동'이 대표적이죠. 영어로는 '러다이트 운동'(Luddite Movement)이라고 하는데, 이 운동을 처음 이끌었다고 알려진 '네드 러드'(Ned Ludd)의 이름을 딴 거죠. 그런데 놀랍게도 '네드 러드'라는 인물이 실존했는지조차 확신할 수 없다고 해요. 많은 연구자는 네드 러드가 허구의 인물이라 봐요. 이런 허구의 인물을 통해서라도 새로운 기계의 등장을 거부하고 싶을 만큼 당시 사람들은 기술 발전에 두려움을 느꼈던 게 아닐까요?

결과적으로 아날로그 기술 시대는 폭발적인 생산력 향상을 통해 우려했던 결과보다 훨씬 나은 세상을 만들었어요. 그 변화는 세 가지 정도로 요약할 수 있어요.

첫째, 일자리를 늘렸다.
둘째, 상대적으로 높은 소득을 보전했다.
셋째, 노동자를 위한 사회보험과 권리를 제공했다.

19세기 중엽이 지나도록 노동자 대다수는 정말 열악한 환경에서 장시간 일했어요. 하루 10시간 일하는 건 기본이었고, 12시간 이상 일하는 나라도 있었죠. 게다가 기본적인 안전시설이나 건강을 유지할 수 있는 환경이 마련되지 않아 노동자들이 목숨을 걸고 일하거나, 일하다가 건강을 잃는 일도 허다하게 일어났죠.

하지만 19세기 후반에 들어서며 상황이 바뀌어요. 노동자들이 조합을 결성해서 더 나은 환경, 노동시간, 임금을 요구하기 시작했어요. 이 무렵부터 국가나 기업도 결국 건강한 노동력이 안정적으로 공급될 때 산업이 더 발전하고 국가적 차원에서 이익이 된다는 걸 서서히 받아들이기 시작하죠. 가장 대표적인 사례로 1919년 국제노동기구(ILO) 제1회 총회에서 하루 8시간, 주 48시간 노동을 국제기준으로 확립했어요. 여기에 더하여 19세기 말부터 20세기 초에 실업보험이 만들어지고, 은퇴 이후의 연금제도가 도입되기 시작했죠.

20세기 중반에 들어오면 이런 제도가 소위 '완전고용' 시대와 겹치며 안정적으로 자리를 잡으면서 서구 사회에서 소위 '복지형 민주국가'가 완성돼요. 바로 이 복지형 민주국가 체계가 1970년대까지 잘 작동했던 거예요.

더 구체적으로 말하자면, 이 시대에는 노동시장을 통해 자원의 분배까지 가능했어요. 어떻게 그럴 수 있었냐고요? 우선 노동자가 시장에 나가 직업을 구하고 임금을 받아요. 그 임금 중의 일부를 떼어 직업을 잃었을 경우 혹은 아플 때를 대비해 저축해요. 이게 사회보험이 되는 거죠. 한편으론 더 일하지 않아도 되는 나이, 즉 은퇴 이후의 삶을 위해 임금의 일부를 떼서 저축해 두는 거죠. 이게 '연금'이 되어 노후를 보장할 수 있도록 한 거죠.

이 모든 게 노동시장을 통해 가능했던 건 이 시대가 완전고용 시대였기 때문이에요. 앞에서 말했듯 '완전고용'이란 실업자가 없다는 뜻이 아니라, 직업을 잃었다 할지라도 실업 연금을 받으면서 일자리를 찾으면 다시 '안정적인' 고용된 삶을 살 수 있다는 의미예요.

산업화 사회에선 생산하는 이들의 역할, 특히 제조업 공장 노동자들의 역할이 중요했기 때문에 국가도 기업도 이렇게 분배하는 데 합의할 수 있었고, 그렇기에 사회보험 일부를 기업이 때로는 국가가 능동적으로 보조했던 거예요.

디지털 기술 시대, 분배는 어떻게 변할까?

아날로그 기술 시대를 다시 정리해 볼까요. 19세기 말까지 심각한 부정적 효과들이 있었지만, 두 차례 세계대전 이후 '안정적인' 노동시장을 바탕으로 노동자들이 국가와 기업이 제공하는 보호망 아래 더 나은 삶을 누리는 방향으로 진행되었어요.

그런데 3차 산업혁명 시대, 디지털 시대에 들어오며 그 방향이 바뀌기 시작해요. 물론 디지털 시대에서도 폭발적 생산력은 이어졌어요. 그런데 일자리는 그다지 늘어나지 않았어요. 여기서 주의해야 하는 건, 디지털 기술이 일자리를 줄인다는 증거는 아직 없다는 거예요. 다만 일자리의 지형은 분명 바뀌고 있어요. 고숙련의 좋은 일자리는 많이 늘지 않았고, 중숙련 일자리는 대폭 줄었으며, 저숙련 일자리는 더 많이 늘어나고 있어요.

이런 일자리 변화를 보면 몇 가지 패턴이 있어요.

첫째, 제조업에서 로봇이 대체할 수 있는 중숙련 일자리가 먼저 줄어든다.
둘째, 사무실에서 인공지능이 대체할 수 있는 중숙련 일자리가 줄어든다.
셋째, 중숙련 일자리가 줄어드는 사이 저숙련 일자리가 늘어나는 경향이 있다.
넷째, 고등교육이 필요한 고숙련 일자리들을 인공지능이 대체하는 경향이 있다.

우리나라 역시 이 패턴을 따라가고 있어요. 우리나라는 노동자 1만

명마다 배치된 로봇 대수를 뜻하는 로봇 밀도가 전 세계에서 가장 높아요. 「2023년 세계 로봇공학」 보고서에 따르면, 로봇 밀도가 1,012대로 산업 현장에서 로봇을 가장 많이 쓰고 있어요. 평균적으로 노동자 10명당 1대꼴인 셈이에요.

이렇게 로봇이 노동력의 10% 이상을 차지한 건 우리나라가 처음이에요. 로봇 밀도가 1,000대를 넘어선 나라도 세계에서 우리나라밖에 없어요. 2위인 싱가포르가 730대이고, 3위인 독일이 415대에요. 우리나라가 제조업에서 사람을 로봇으로 가장 빨리 대체하고 있는 나라인 거죠.

게다가 코로나19 팬데믹 기간에 인공지능이 사무실에 들어오며, 중숙련 일자리를 줄여가고 있어요. 재택근무로 해결할 수 없는 사무직 일자리 중에 인공지능이 대체 가능한 자리를 차지한 거죠.

2021년 국회예산정책처에서 나온 경제 및 산업 동향 보고서는[42] 코로나19 팬데믹이 시작됐던 2020년에 중숙련 노동자들이 많이 줄었으며, 특히 사무직 일자리가 크게 줄었다고 알리고 있어요. 전년과 대비하여 2018년에 1만 1,300명이 감소하였던 중숙련 일자리가, 2019년엔 6만 명, 2020년엔 16만 2,000명이 줄어든 걸 볼 수 있어요. 정리해 보면 사무직 중숙련 일자리가 감소하면서 수치가 급격히 늘어났던 거죠.

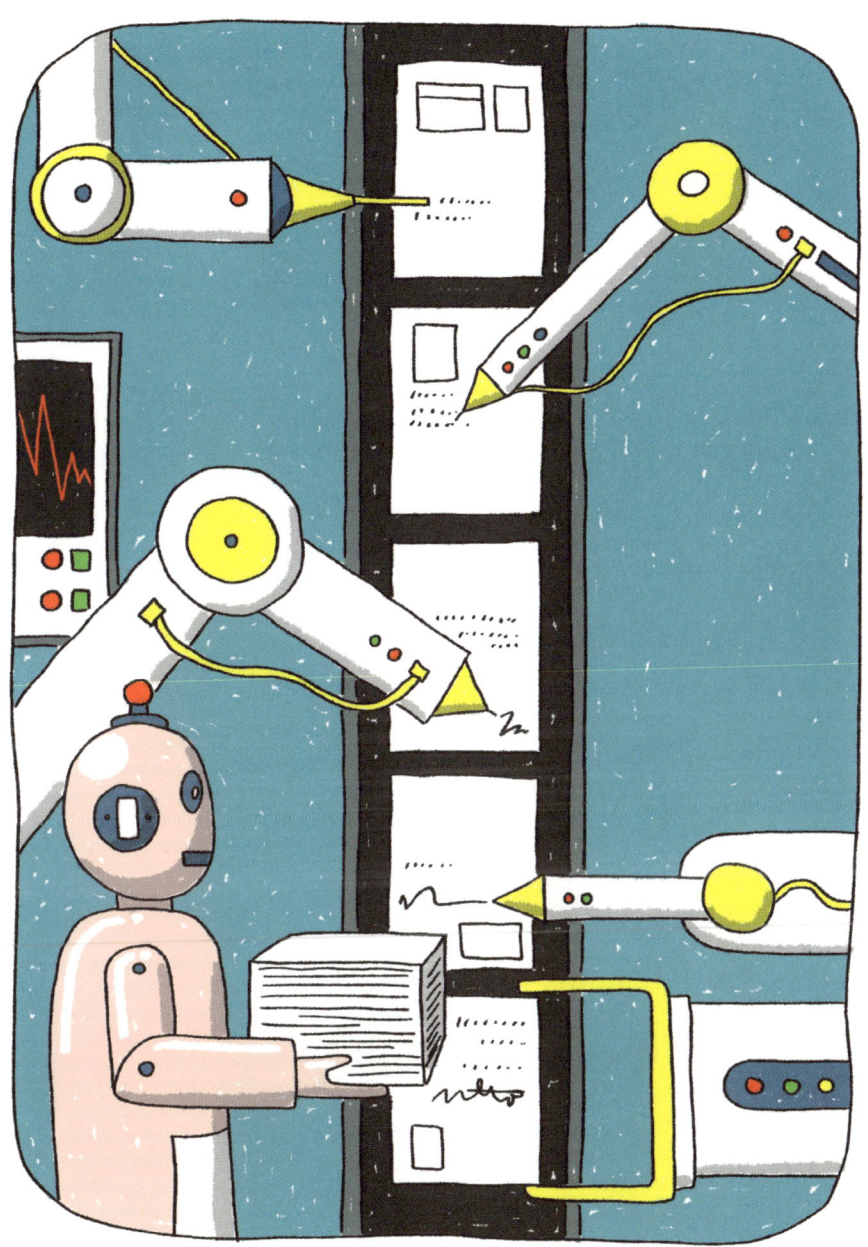

이렇게 중숙련 일자리가 빨리 로봇과 인공지능으로 대체되는 이유는 매우 명확해요. 중숙련 일자리에 반복적인 업무가 많아 대체하기가 상대적으로 쉬울 뿐만 아니라 인건비 절감 효과가 크기 때문이에요.

중숙련 일자리가 줄어드는 사이, 디지털 관련 저숙련 일자리는 늘어나는 경향이 있어요. 뒤쪽 그래프는 코로나19 팬데믹 기간 2년 사이 일자리 특성별 취업자 수 증감률을 보여 주는데, 중숙련 일자리 1.7%가 줄어드는 사이 저숙련 일자리 3.9%가 늘어난 걸 볼 수 있어요. 주로 디지털 플랫폼에 관련된 청소, 배달, 운전, 심부름, 데이터 라벨링 같은 일자리들이에요. 몸을 많이 써야 하거나 일일이 수작업이 필수라 로봇이나 인공지능이 대체할 수 없는 일자리들이죠.

게다가 디지털 기술이 발전하면 최종적으로는 고숙련 일자리에도 영향을 미쳐요. 경제협력개발기구(OECD)가 내놓은 「2023년 고용 전망 보고서」에선 법, 문화, 과학, 공학 및 비즈니스 분야와 같이 일명 높은 수준의 교육이 필요한 고숙련 일자리가 인공지능을 통한 자동화 위험에 많이 노출된 걸 볼 수 있어요. 인공지능이 각 직업에 미치는 상대적 영향도는 비즈니스 전문가, 관리자, 최고경영자, 과학 및 공학 전문가 순으로 높았어요. 이와 관련하여 OECD는 금융, 의료, 법률 분야같이 장기간 교육을 받아야 하고 경험을 축적해서 의사결정을 내리는 직종이 인공지능이 만드는 자동화 위험에 더 많이 노출될 수 있다고 경

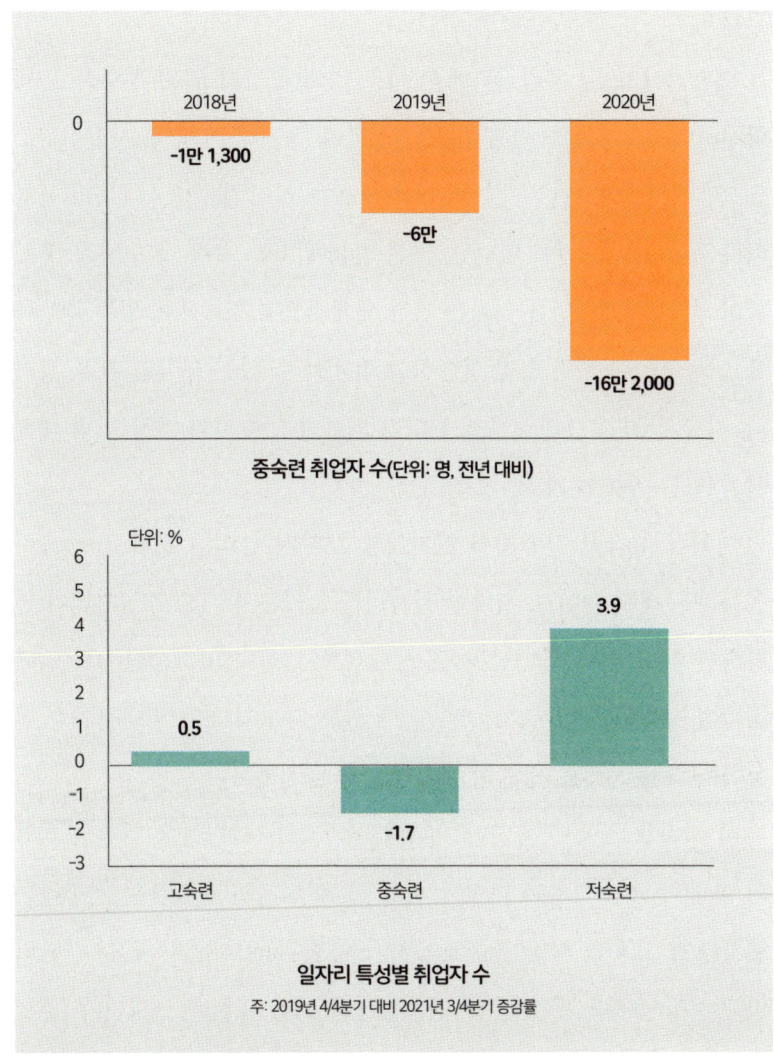

중숙련 취업자 수(단위: 명, 전년 대비)

일자리 특성별 취업자 수

주: 2019년 4/4분기 대비 2021년 3/4분기 증감률

코로나19 이후 취업자 수 추이(국회예산정책처, 2021)

고해요.

뜻밖이라고요? 우리나라에선 서로 의대에 가기 위해 경쟁하고, 법학전문대학원에 진학해서 변호사가 되려 하는데 이게 무슨 일이냐고요? 생각해 봐요. 인공지능이 가장 잘하는 일이 뭘까요? 아무리 복잡해도 규칙이나 패턴이 있다면, 그걸 연산에 따라 가장 잘 수행해 내요. 특히 의학 지식과 법률 지식은 가장 체계적으로 정리되어 있는 분야예요. 인공지능이 가장 빨리 학습하고 적응할 수 있는 분야인 거죠. 그러니, 기술 발전에 그대로 순응한다면 의사나 법률가가 가장 빨리 대체될 수 있는 직종인 거죠.

이처럼 고숙련 직종에서 일자리를 그다지 늘리지 못하고, 중숙련 일자리를 대폭 줄이고, 저숙련 일자리를 늘리는 방식으로 일자리가 변화하면 어떤 일이 일어날까요? 상대적으로 소수인 고숙련 일자리에 소득이 집중되면서 저숙련 일자리에 있는 다수의 소득이 낮아지는 현상이 나타날 거예요. 당연히 격차를 만들게 되겠죠.

이 격차는 소득 격차만이 아니에요. '일하는 사람들을 위한 보호망의 수준'에서도 격차가 나고 있어요. 현재 디지털 플랫폼이 제공하는 일자리에 고용된 사람들은 노동자가 아닌 '독립사업자'예요. 간단히 말해 사장님이란 거죠. 흔히 '플랫폼노동'이란 표현을 쓰지만, 이분들의 법적 지위는 '플랫폼 노동자'가 아니라 '플랫폼 종사자'예요. 플랫폼

노동자의 경우 플랫폼 회사가 사회보험에 가입해 주고, 노동권을 보장해야 해요. 그러나 플랫폼 종사자는 신분상 사장님이기 때문에, 스스로 사회보험에 가입해야 하고, 노동권도 보장받을 수 없어요. 또 은퇴 이후의 노후도 스스로 준비해야 하죠. 그러니 보호망의 수준에도 차이가 날 수밖에 없어요.

이제 정리해 볼게요.

현재 디지털 기술의 발전은 저숙련 일자리를 주로 늘리면서 소득 격차가 커지는 방향으로, 이에 더하여 사회보험과 노동권을 제거하여 사회적 보호망의 수준에서도 격차를 벌리는 방향으로 발전해가고 있다.

아날로그 시대엔 노동시장을 통해 사회적 보호망을 넓게 제공할 수 있었다면, 디지털 시대엔 그런 일이 점점 어려워지고 있어요. 뒤에서 언급하겠지만 바로 이런 점에서 새로운 보호망으로서 돌봄의 역할을 주목해 봐야 한다는 생각이 들어요.

협력의 꿈은
실현되고 있을까?

디지털 시대의 변화와 관련해서 우리가 함께 살펴보아야 할 또 하나의 문제가 있어요. 제러미 리프킨은 3차 산업혁명을 이야기하며, 디지털과 재생에너지로 무장한 이 새로운 시대가, '동력원 혁명'이 만든 '거대 기업' 중심의 '경쟁형' 모델이 아니라, 촘촘히 이어진 네트워크를 기반으로 수많은 중소기업이 중심이 되는 '협력형' 모델이 될 거로 예측했어요. 그런데 정말 그런 방향으로 가고 있을까요?

분명한 것 하나는, 디지털 기업이 그 어느 시대보다 거대 기업으로 성장했다는 거예요. 'GAFAM'이란 용어가 있어요. 구글, 애플, 페이스북, 아마존, 마이크로소프트라는 다섯 개의 거대 디지털 기업을 이르는 말이죠. 2022년 5월 2일 일본의 「아사히 신문」이 이 기업과 관련해 놀라운 보도를 해요. GAFA 네 개 기업이 2021년 연구개발비로 쓴 돈이 1,340억 달러(약 169조 7,110억 원)로 2020년 일본의 모든 기업이 연구개발비로 쓴 총액인 1,061억 달러를 훌쩍 넘어섰다고 말이죠. 이에 더해서 이 네 개 기업의 2022년 2월 기준 시가총액이 6조 6,000억 달러이고 이 규모는 도쿄증시에 상장된 3,800곳이 넘는 기업들의 시가총액인 6조 1,700억 달러를 넘어섰다고 보도했어요. 이 당시 애플의

시가총액은 2조 6,900억 달러, 구글은 1조 7,800억 달러인데, 한국의 국내총생산(GDP) 규모인 1조 6,300억 달러보다 높았어요.

이 기업들이 규모가 크다고 생각하던 사람들도 실제 규모를 알고 나면 깜짝 놀라는 경우가 많아요. 구글만 해도 그래요. 구글은 대체로 세계 검색시장의 92% 안팎을 점유하고 있어요. 2024년 4월, 구글의 점유율이 90.91%를 기록하자 점유율이 떨어졌다며 언론들이 호들갑을 떨 정도였어요. 사실상 지구적 차원에서 독점이나 다름없죠. 또한 구글은 검색서비스를 제공하며 모아들인 사용자들의 개인 정보를 바탕으로 상상을 초월한 이익을 얻고 있어요.

디지털 기술은 구글처럼 각 분야에서 독과점을 만드는 성향이 있는데, 그걸 '네트워크 효과'라고 불러요. 인터넷에 사람들이 모여드는 목적은 그게 상업적이든 그렇지 않든 '연결'에 있어요. 인터넷에 접속해 어떤 정보라도 얻고 싶다면 '연결'은 필수적이에요. 연결될수록 더 많은 정보를 얻을 수 있기 마련이고, 때에 따라 더 정확한 정보를 얻을 수도 있죠. 물론 너무 많은 정보 때문에 길을 잃을 수도 있어요. 하지만, 어떤 상황이건 '연결'의 힘이 작동하고 있죠.

그렇다 보니 특정 플랫폼에 이용자가 많아질수록 더 많은 이용자가 해당 플랫폼에 자발적으로 합류하는 경향이 생겨나요. 이렇게 사람들이 많이 모일수록 플랫폼은 훨씬 더 많은 일을 할 수 있어요. 예를 들어

카카오톡 같은 경우 이모티콘 사업부터 시작해 택시와 은행 사업까지 하고 있어요. 2025년 현재 (주)카카오에서 운영하는 자회사가 110개가 넘어요. 한때 150개가 넘은 적도 있어요.

이렇게 디지털 기업이 커져서 애초에 디지털의 영향을 받지 않을 것 같은 다른 영역에까지 들어와 사업을 확장하는 게 현실이에요. 청소, 배달, 심부름처럼 디지털과 거리가 멀 거라 여겼던 영역조차 디지털화되고, 각 영역에서 독과점 플랫폼들이 형성되고 있는 거죠. 리프킨이 기대한 바와 달리 협력이 아날로그 시대보다 더 '대기업 중심'으로 몰리고 있는 상황이에요.

또 디지털 산업은 일자리를 '기간제 노동', '비정규직 노동'으로 바꾸고 있고, 저숙련 일자리의 경우 '시간당', '건당'으로 만들어가고 있어요. 소위 '고용의 불안정성'이 깊어지는 데 주요한 역할을 하고 있죠. 예를 들어 통계청이 내놓은 「2023년 8월 경제활동인구조사 근로형태별 부가조사 결과」를 보면, 시간제 노동자(36시간 미만 근무)가 3,873,000명으로 2022년 8월 대비 18만 6천 명이 증가한 걸 볼 수 있어요.

시간제 노동자들이 꾸준히 증가하는 데는 디지털 플랫폼 경제의 영향이 있어요. 이런 시간제 노동자들의 상당수가 충분한 일거리가 없는 상태, 사회보험이 없는 상태로 현재와 미래의 삶에 대한 불확실성 때문에 불안에 떨고 있어요.

과연 지금의 디지털 시대는 리프킨이 꿈꾸었던 협력의 세계를 제대로 구축해 가고 있을까요? 오히려 '작은 것들의 협력' 대신 '거대함이 만드는 격차'를 더해 가고 있는 건 아닐까요?

디지털은 우릴 연결하고 있을까, 단절하고 있을까?

디지털이 처음 등장하고, 24시간 내내 시공간의 제약 없이 사람들을 연결하기 시작했을 때, 많은 사람이 흥분하며 좋아했던 이유는 더 많은 연결이 '더 많은 협력이 가능한 세계', '더 서로에게 의지할 수 있는 세계'를 지을 수 있으리란 희망 때문이었어요. 그런 희망을 담은 가장 대표적인 디지털 플랫폼이 바로 '소셜미디어'(SNS)예요. 인스타그램, 페이스북, 카카오스토리, 네이버 밴드, X(구 트위터)는 우리나라에서 가장 많이 쓰이는 소셜미디어죠. 이곳에서 수십억 명이 자기 삶을 공유하고 수많은 온라인 친구들이 '좋아요'를 클릭하고 댓글을 남기죠. 서로가 누구인지도 모른 채 헤아릴 수 없는 관계가 이어져요. 이곳에선 그 누구도 소외될 틈이 없는 듯 보여요.

그런데 놀랍게도 이미 오래전부터 소셜미디어가 사람들을 오히려 더 외롭게 만든다는 연구들이 쏟아지고 있어요. 예를 들어, 미국에서는 2017년에 가장 인기 있는 소셜미디어 11개 사용자 1,787명(19~32세)을 대상으로 연구한 결과, 일주일에 58차례 이상 SNS로 소통하는 사용자가 9차례 미만 사용자보다 3배나 더 외로움을 느끼고 있었죠. 사람들이 외로워서 소셜미디어에 몰입하는 걸까요? 아니면 너무 소셜미디어에 몰입해서 나머지 삶이 공허해져 버린 걸까요? 이 연구에 따르면, 그 인과관계는 알 수 없지만 외로워서 소셜미디어를 한다면 별 도움이 되지 않는다는 거예요.

최근의 연구들이 밝혀낸, 온라인에서 우리가 더 외로워지는 주된 원인은 '소셜미디어'에서 이뤄지는 타인과 자신의 비교예요. 소셜미디어에서는 유명인을 포함해 수많은 사람이 멋지고 아름다운 모습, 풍요로운 삶을 자랑하고 드러내죠. 이런 자랑에 다시 수많은 사람이 '좋아요'를 누르고, 게시물을 올린 이는 '좋아요'의 개수를 확인하며 자신이 얼마나 사랑받는지 확인하곤 해요. 문제는 타인의 밝고 아름다운 삶의 모습만 들여다보는 과정에서 사람들이 느끼는 자존감이 낮아질 수도 있다는 거예요. '저 사람은 나와 왜 이렇게 다른 삶을 사는 걸까?' '나는 도대체 왜 이 모양일까?'

정보통신연구원의 「SNS 이용 시간이 삶의 만족도와 자아존중감에 미치는 영향」(2023)에 따르면, 응답자 중 10대 77.7%, 20대 89.7%, 30대 81.8%가 소셜미디어를 사용하고 있어요. 이 중 당연히 10대와 20대가 가장 활발하게 이용하는 것으로 나타나는데, 이들도 소셜미디어를 이용할수록 자아존중감이 낮아지는 경향을 보였어요.

2023년 미국 여론조사기관인 갤럽의 발표에 따르면, 전 세계적으로 소셜미디어를 더 활발하게 쓰는 젊은 세대가 더 많이 외로움을 느낀다고 해요. 우리가 외로울 것이라 여기는 노인층은 17%로 외로움을 느끼는 비율이 가장 낮은 데 비해, 젊은 세대는 27%나 "매우·상당히 외로움을 느낀다."라고 답했어요.[43]

이처럼 사람들의 관계에서 만족을 찾지 못해서 그런 것일까요? 젊은 세대가 또 하나 몰두하고 있는 대상이 인공지능 챗봇이에요. 시장 조사 전문 기관인 IMRC 그룹이 내놓은 「전 세계 챗봇 시장 동향과 기회, 예측, 2024~2032년」을 보면, 전 세계 챗봇 시장 규모는 2023년에 이미 57억 달러(환율 1300원 기준으로 74조)에 이르렀고, 2024년부터는 연평균 21.5%씩 성장해 2032년에는 346억 달러가 될 것이라고 해요. 문제는 사람과의 관계를 충분히 경험하지 않은 청소년이나 사람과의 관계에서 어려움을 겪은 이들이 챗봇에 빠져들고 있다는 거예요.

실제 수많은 챗봇이 인간처럼 만들어져 있어요. 대표적으로 우리나라의 '이루다'란 챗봇 서비스가 그래요. '이루다'는 사람처럼 나이가 들고, 취미가 있고, MBTI 성격 유형도 갖춘 여대생이에요. 한때 이용자가 100만 명이 넘었고 사용자의 90%가량이 10대와 20대였어요. 이중 타인과의 관계에 경험이 부족하거나 서툰 이들이 인간에게서 느끼지 못한 애정을 챗봇에서 느끼고 더 몰두하는 거죠.

그러다 보니 챗봇이 정신 건강 상담을 해 주는 시대가 되어 버렸어요. 결과적으로 챗봇으로 인해 타인과의 관계에서 더 고립되는 일들이 일어나고 있어요. 디지털은 우릴 연결하고 있는 걸까요, 아니면 단절하고 있는 걸까요?

2020년 코로나19 팬데믹이 몰아닥치고 재택근무가 널리 퍼져 나갔어요. 특히 정보기술(IT) 기업 쪽에서는 일상적인 근무 형태가 되었죠. 그런데 팬데믹 이후 사무실 근무 의무화에 가장 먼저 나선 건 아이러니하게도 거대 IT 기업들이었어요. 테슬라의 최고경영자 일론 머스크는 재택근무를 도덕적으로도 잘못된 것이라 비판하면서 현장 근무를 강조했어요. "재택근무는 X 같은 도덕적 우월감"이라며 벗어나라고 말이죠. 구글 역시 주 최소 3일 사무실 근무를 의무화하더니 2025년에 들어서며 평일에는 사무실에 나와 근무하라고 독려하고 있어요. 아마존 역시 2025년부터 재택근무를 폐지하고 주 5일 출근을 시행하고 있죠. 재택근무 대신 사무실 근무로 인해 주요 인재들이 회사를 떠난다는 식의 보도가 나왔음에도, 거대 IT 기업들의 사무실 근무 의무화는

멈추지 않는 추세예요.[44]

　2024년에 해외 거대 IT 기업의 한국지부 임원을 만난 적이 있었어요. 이때 이런저런 궁금한 걸 묻다가 왜 재택근무 대신 사무실 근무를 선호하느냐고 물어보았어요. 그랬더니 "사람들이 모여서 얼굴을 맞대야 좀 더 창의적인 발상이 나오더라고요."라는 답변을 들었어요. 사람들의 관계 속에서 새로운 발상이 나온다는 거죠.

　관계를 맺는다는 것, 특히 얼굴과 얼굴을 맞대는 관계를 맺는다는 것은 우리가 생각하는 것보다 훨씬 큰 의미를 지니고 있어요. 단순히

애정이나 우정에 그치지 않아요. 얼굴과 얼굴을 맞대는 관계 속에서 삶의 견고한 책임과 윤리가, 이에 더하여 창의적인 상상력과 발상이 생겨나요. 결국, 거대 IT 기업 역시, 이 평범한 사실을 깨닫게 된 게 아닐까요?

실제 많은 청소년이 얼굴과 얼굴을 맞대는 관계를 힘들어하는 걸 볼 수 있어요. 여기서 개인적인 경험을 나눠 볼까 해요. 『외로움의 습격』(2023)이란 책을 쓴 뒤 여러 중고등학교에 초대받아 강의할 기회가 있었어요. 그런데, 강의마다, 특히 고등학생들은 2~3명이 따로 찾아와 꼭 물었어요. "컴퓨터 앞에 홀로 앉아 있는 게 나쁜 건가요?"라고.

어떻게 답해야 할까, 고민이 많았어요. 요즘은 이렇게 답해요. "그게 나쁜 게 아니라 관계 속에 사는 게 좀 더 나을 수 있다는 의미다. 인간관계도 하고, 컴퓨터 앞에 홀로 앉아 있는 시간도 갖는 게 더 나을 것 같다. 가능하다면, 인간관계도 더해 보는 게 어떻겠냐."라고.

강조하지만, 이건 옳고 그름의 문제가 아니에요. 더 나은 삶이 어떠해야 하는지에 관한 질문이지요. 이에 대한 정답은 없을 거예요. 다만 우리 인간은 경험의 존재예요. 우리의 경험은 지속적인 관계 속에 있는 사람들이 삶에서 도움을 쉽게 얻고 서로 의존하며 보살피는 존재가 된다는 거예요. 이런 경험이 축적되어 있음에도, 왜 우리는 인간의 외로움을 다른 인간이 아닌 기계를 통해 해소하려 하는 걸까요? 이 근본적인 질문에 어떤 합리적인, 아니 인간적인 이유를 댈 수 있을까요?

앞에서 말하지는 않았지만, 인간이 맺는 관계 속에서 우리가 가장 그리워하는 건 타인의 인정이에요. 특히 청소년 시기엔 친구가 해 주는 인정이 참으로 소중하죠. 그 인정은 그리 대단할 필요가 없어요. 그냥 지나가는 말 한마디, "넌 제법 괜찮은 친구야." 그 한마디면 충분하죠. 아직도 기억이 선명해요. "그냥 지나가는 말 한마디, 넌 제법 괜찮은 친구야."면 충분하다는 말에 눈물을 쏟아 내던 그 교실의 아이들이. 우리 인간은 그런 존재, 관계의 존재, 사이의 존재인 거예요.

디지털은 정말 '오염되지 않은' 기술일까?

지금부턴 인간이 디지털과 맺는 관계를 넘어 지구가 디지털과 맺는 관계를 살펴보려 해요. '3차 산업혁명 시대의 새로운 협력 모델은 녹색 재생에너지와 함께 할 것이다.' 이런 리프킨의 전망은 환경을 오염시키고 지구를 뜨겁게 만드는 화석에너지와 결별할 거란 이야기였죠. 이런 식의 전망은 디지털 산업이 녹색산업, 일종의 청정 산업이 될 거란 이미지를 심어 주었어요. 많은 디지털 기업들이 녹색 재생에너지 쪽에 노력을 제법 쏟아부은 것도 사실이에요. 하지만 조금만 더 들여다보면 디지털 기술이 과연 청정기술일까에 대한 의문을 품게 돼요.

'온라인'이란 말은 마치 디지털 세계가 흔히 오프라인이라고 부르는 물리적 세계 밖에 구축되는 듯한 느낌을 줘요. 하지만 디지털 세계는 늘 오프라인에 존재하는 하드웨어, 디지털 기기가 반드시 있어야만 존재할 수 있죠. 여러분이 매일 손에 들고 사용하는 스마트폰이 대표적인 예지요. 스마트폰이 작동하려면 반드시 배터리가 있어야 해요. 배터리 없는 스마트폰은 사실상 무용지물이죠. 그런데 이 배터리를 만드는데 반드시 들어가는 핵심 물질이 '리튬'이라는 광물이에요.[45]

스마트폰 배터리에는 하나당 8그램 정도의 리튬이 들어 있어요. 2022년 기준으로 지구 인구가 대략 80억 명이고 스마트폰 보급률이 76%이니 산술적으로 보면 스마트폰을 60억 대쯤 쓰고 있다고 볼 수 있어요. 2022년 기준으로 전 세계적으로 스마트폰 교체 주기가 3년 7개월 정도라고 하니 대략 일 년에 15억 대 정도가 교체되는 셈이죠. 그렇게 따지면 스마트폰만 해도 엄청난 양의 리튬이 필요해요.

태블릿, 노트북과 같은 기기에도 리튬 배터리가 들어가고 한 대당 들어가는 리튬의 양이 훨씬 더 많으니, 모두 합하면 어마어마한 양의 리튬이 필요하단 걸 알 수 있어요. 사실 리튬뿐만 아니라 희토류에서 추출하는 희귀광물, 코발트, 주석 등이 스마트폰에 들어가니 상당히 많은 광물을 채취해야만 디지털 세계가 작동할 수 있어요. 그래서 디지털 기기를 만드는 모든 기업은 관련 광물을 확보하기 위해 온갖 노력을 쏟아붓죠.

이것은 디지털 산업이 다름 아닌 광업에서 출발한다는 의미예요. 광업이 없으면 디지털 세계를 만드는 연산도 존재할 수 없어요. 그런데 광업은 대표적 오염 산업이에요. 광산이 있는 지역 일대를 오염시키고, 광산이 폐쇄되고 나면 지역이 황폐해지죠. 다 쓰고 난 배터리도 문제예요. 폐기물이 된 배터리가 지구 곳곳에 산더미처럼 쌓여 가고 있어요. 아프리카 가나의 전자폐기물 하치장이 대표적이죠. 선진국은 이런 폐기물을 구호품 등의 명목으로 보내요. 국제환경협약인 바젤 협약이 폐기물 처리 능력이 없는 곳에 유해 폐기물을 수출하지 못하게 막고 있기 때문에요. 그래서 폐기물을 구호품으로 위장해 보내는 거죠. 당연히 이런 폐기물은 환경을 오염시키고 주민들의 건강을 위협해요. 이처럼 디지털 산업은 알고 보면 지구와 사람을 오염시키고 병들게 하는 일에서 시작되고 마무리되고 있어요.[46]

또한 디지털 산업은 엄청나게 전기와 물을 먹는 산업이에요. 예를 들어 데이터센터를 볼까요? 요즘 지구 곳곳에 데이터센터가 계속 들어서고 있어요. 우리가 매일 우리의 생활을 디지털화하고 있기 때문이죠. 인스타그램 게시물에 '좋아요'를 누를 때, 사랑하는 사람의 사진이나 동영상을 찍어 클라우드에 보관할 때, 업무로 관련자들에게 이메일을 보낼 때, 그 모든 것이 데이터센터에 저장이 돼요. 스마트폰과 함께 성장한 디지털 세대일수록 삶의 디지털화는 일상적인 일이죠. 당연히 정말 많은 데이터센터가 필요해져요.

2016년 1월 23일, 영국의 신문 「인디펜던트」는 데이터센터가 전 세계 전기소비량의 3%를 차지하고 온실가스 총배출량의 2%를 내뿜고 있다고 보도했어요. 2025년에는 데이터센터가 이산화탄소 배출량의 3.2%를 차지할 거란 전망도 내놓았어요.[47]

데이터센터가 이렇게 많은 전기를 소비하는 이유는 하나예요. 이곳의 기능이 24시간 깨어 있다가 누구라도 요구하면 데이터를 쓸 수 있게 해 주는 일이기 때문이에요. 단 1분도 쉴 수가 없는 곳이죠. 이렇게 깨어 있기 위해서 끊임없이 전기를 써야 해요. 그러니 당연히 과열 상태에 놓일 수밖에 없어요.

무엇보다 데이터센터에선 30도 이상의 뜨거운 열이 발생하는데 부품 손상을 막으려면 온도를 18~27도 정도로 유지해야 해요. 이를 위해 냉각 장치가 엄청난 전기를 소비하죠. 그래서 페이스북과 같은 기업은 데이터센터를 북극에다 두어요. 구글도 핀란드 같은 곳에 데이터센터를 열고 있어요. 이처럼 모든 기업은 데이터센터의 열을 조절하기 위해 온갖 노력을 다하고 있죠. 그런데 이런 일에 드는 전기 에너지를 만약 화석연료에서 가져온다면 어떤 일이 일어날까요? 데이터센터가 전 세계 탄소 배출량의 2%를 배출한다는 사실 자체가 화석연료에서 전기를 얻고 있다는 걸 보여 주는 증거가 아닐까요?

뿐만 아니라 데이터센터는 냉각수로 엄청난 양의 물을 써요. 일반적으로 데이터센터가 하루에 소비하는 물의 양은 300~500만 갤런으로 알려져 있어요. 이게 3만~5만 명 규모의 도시가 하루에 소비하는 물의 양과 맞먹는다고 하네요. 대규모 데이터센터는 훨씬 더 엄청난 물을 소비해요. 물의 확보가 너무 중요해서 중국에선 데이터센터를 바닷속에 넣자는 방안까지 나오고 있어요.

이처럼 데이터센터는 늘 물과의 전쟁을 치르고 있죠. 그런데 데이터센터가 있는 지역에 심한 가뭄이 든다면 어떤 일이 일어날까요? 과연 사람이 먼저 물을 먹게 될까요, 아니면 데이터센터가 먼저 물을 먹게 될까요?

새롭게 탄생한 생성형 인공지능 역시 엄청난 전기와 물을 쓰고 있어요. 구글과 챗GPT에 같은 질문을 검색하면 답을 생성하기 위해 챗GPT가 거의 10배 많은 전기를 써요. 생성형 인공지능이 쓰는 고성능 반도체, 데이터센터 등을 유지하는 데 더 많은 전기가 필요하기 때문이에요. 챗GPT와 25~50개 정도의 질문과 답변을 주고받으려면 500㎖ 생수 한 병 정도의 물이 쓰여요. 2022년부터 빅테크기업의 물소비량이 치솟았는데 생성형 인공지능이 그 원인으로 지목되고 있어요. 심지어 '오픈에이아이'의 경우 챗GPT-4 운영에 드는 에너지와 물 사용량을 공개하지 않고 있어요. 2022년 기준으로 오픈에이아이와 연계해 챗GPT 개발을 주도한 마이크로소프트는 올림픽용 수영장 2,500개를 채울 수 있는 물(64억 리터)을 소비했다고 해요.[48]

믿기진 않지만, '가뭄이 들었을 때 인간이 물을 먼저 마셔야 할까, 아니면 데이터센터가 마셔야 할까?'는 앞으로 닥쳐올 미래에 중요한 윤리적 질문이 될 거예요. 실제로 2023년 우루과이에서 가뭄이 들자 구글이 '물 전쟁'의 표적이 되었어요. 구글이 우루과이에 데이터센터를 지을 예정이었는데, 이곳의 하루 물소비량이 760만 리터로, 사람 55,000명이 쓸 수 있는 양이었거든요. 같은 해, 미국의 남서부 지역에서 가장 중요한 급수원인 콜로라도강이 바닥을 드러낼 정도로 물이 줄었는데, 그 주요 원인으로 데이터센터가 지목되어 주민들의 비판을 받았어요.[49] 여기서 다시 질문해 볼까요? 가뭄이 들면 정부는 국민에게 물을 먼저 줄까요, 아니면 거대 디지털 기업에 먼저 줄까요? 여러분의 판단은 어떤가요?

이런 상황이라면 당연히 물어야 하지 않을까요? 디지털은 정말 오염 없이, 인간의 삶을 위협하지 않는 청정 산업일까요?

디지털 시대,
새로운 돌봄이 필요하다

지금까지 함께 보았듯 디지털 기술은 세 가지 차원에서 돌봄의 문제를 제기해요.

우선 디지털 기술이 만드는 물리적 격차예요. 현재 디지털 산업은 중숙련 일자리를 줄이고, 늘어나는 저숙련 일자리에서 사회보험 체계를 약화하고 노동권을 회피하는 방식으로 발전하고 있어요. 그 결과 노동자들이 적절한 삶의 보호를 받지 못하는 경우가 생겨나고 있어요. 이런 상태에선 실업에 대비하기 어렵고, 무엇보다 은퇴 이후의 안정적인 삶을 대비할 수가 없어요.

2017년 다보스 포럼에서 미국 기업 세일즈포스의 최고경영자 마크 베니오프는 "인공지능이 '디지털 난민'을 양산하고 수억 명의 사람들의 일자리를 잃게 만들 수 있다고 생각합니다. 우리는 현재 매우 중요한 시점에 서 있습니다."라고 말했어요.[50] 그리고 실제로 많은 사람이 보호 없는 삶을 살기 시작했어요. 만약 이대로 아무런 대책을 세우지 않는다면, 미래 세대(특히 지금의 청년세대)에겐 보호 없는 삶이 일상이 될지도 몰라요.

둘째, 디지털 기술은 우리를 정서적으로 연결하기보다는 단절하는 경향이 있어요. 거대한 소셜미디어의 바다에서 수많은 이들, 특히 젊은 세대가 '화려한' 타자와의 비교 속에 자존감이 낮아지고 때로 정서적 고립을 경험하고 있어요. 연결될수록 더욱 외로워지는 함정에 빠진 거죠. 그러다 보니, 인간관계 대신 사용자를 이해하는 척하도록 입력된 알고리즘과의 관계에 몰두하며 더욱 고립되는 현상이 나타나고 있어요.

철학자 한병철은 『타자의 추방』(2016)에서 말해요. "오늘날 우리는 경계 없는 소통에 우리를 내맡긴다. 디지털 과잉 소통에 우리는 거의 정신이 팔려 있다. 그러나 소통의 소음은 우리를 덜 외롭게 해 주지 않는다." 기존에 없었던 확장된 돌봄 체계가 더욱 절실한 이유예요.

마지막으로, 디지털 산업은 '지구 돌봄' 문제와 관련이 있어요. 우리는 디지털 산업이 광업이라는 오염 산업에서 출발한다는 걸 기억해야 해요. 또 우리가 쓰는 디지털 연산 기계들이 전자폐기물 처리장에서 환경과 인간을 오염시키며 그 쓸모를 마감한다는 사실도요. 무엇보다 인공지능 기술이 엄청난 전기와 물을 소비하고 있다는 사실을 잊어서는 안 돼요. 깨끗해 보이는 인공지능이 엄청난 온실가스를 배출하고, 물을 소비한다는 것을 늘 명심해야만 해요.

그래서 이렇게 말할 수 있어요.

"디지털 기술 시대엔 세대를 넘어선 돌봄, 물리적 격차를 넘어선 정서적 돌봄, 지구를 위한 돌봄 모두 필요하다."

새로운 돌봄에는
국가가 함께

우리는 지금까지 기후변화, 인구 감소, 디지털 격차가 미치는 영향을 알아봤어요. 더 중요하게는 그 영향에 대응하는 일의 공통분모가 '확장된 돌봄'이란 걸 살펴보았지요.

기후변화, 인구 감소, 디지털 격차는 각각 독립적인 요소이지만 서로 얽혀 있어요. 아주 간단한 예를 들어 볼까요?

이제 디지털 산업은 기후변화의 원인인 온실가스를 배출하는 가장 중요한 원천 중 하나가 되고 있어요. 무엇보다 데이터센터가 전기와 물을 엄청나게 먹어 치우는 괴물이 되었고, 거대 IT 기업이 주도하는 인공지능 사업은 '탄소 배출량'을 명확히 공개조차 못 하고 있죠. 실제 마이크로소프트, 메타, 아마존 같은 기업들이 인공지능에 들어가는 전

기를 확보하기 위해 화석연료에 다시 의존하기 시작했다는 보도가 나오고 있어요.[51]

상황이 계속 이런 방향으로 전개된다면, 지금보다 더 많은 젊은이들이 삶의 터전인 지구가 재난의 폐허로 변해 가는 것에 좌절하여 아이를 낳지 않겠다고 결심할 수도 있어요. 이미 우리가 1장에서 살펴본 배스대학교 기후변화 설문 조사에서도 응답에 나선 16~25세 청년 중 40%가 기후변화 때문에 출산을 꺼리게 된다고 응답해요. 또한 2022년, 여론조사 및 컨설팅 기관 '글로브스캔'이 미국, 영국, 한국을 비롯해 31개국에서 실시한 기후변화 인식 조사를 보면, 실제 응답자의 40%가 기후변화로 인해 자녀를 갖지 않고 싶다고 대답했어요. 이 중 우리나라는 59%가 동의해서 놀랍게도 조사 대상 국가 중에서 2번째로 높았어요.[52]

우리의 정서도 마찬가지예요. 디지털 기술이 만드는 물리적 격차와 일자리의 불안정성 때문에 우리는 늘 심리적으로 불안에 떨죠. 지금 이대로라면, '디지털네이티브' 세대들은 점점 더 벌어지는 격차에 전전긍긍하게 되고, 그로 인한 불안에 떨며 평생을 살게 될 거예요. 여기에다 자신들보다 훨씬 더 수가 많은 기성세대를 부양해야 할 미래 세대는 엄청난 부담감에 시달리게 되겠죠. 그런데, 지구가 이 모양이 된 게 부모 세대가 무책임하게 배출한 엄청난 탄소 때문이라면 더 깊은 좌절감에 시달리지 않을까요?

이런 세 가지 인간 삶의 조건의 연결성은, '인간'과 '인간 삶의 터전으로서 지구라는 조건'이 분리될 수 없음을, 결국 인간을 넘어 지구로 돌봄을 확장해야 한다는 필요성을 분명히 보여 주죠. 그렇다면 이제 돌봄을 가정 영역에서 하는 사적인 일이라는, 청소년이나 노인 그리고 병자나 장애인을 대상으로 하는 활동이란 협소한 관점으로 이해해선 안 되겠죠?

오히려 세대와 세대를 넘어 모두를 위한 인권의 차원에서, 실질적으로 집행할 수 있는 정치공동체인 국가의 영역에서, 나아가 지구적 차원에서 함께 협력해야 할 공적인 일이 되어야 해요. 이 중 현재 우리가 가장 적극적으로 할 수 있는 게 바로 '돌봄이 인권 그 자체인 국가'라는 생각이에요.

그래서 우리 삶의 근본적인 조건의 변화, 즉 기후변화, 인구 감소, 디지털 격차에 대응하기 위해 여러분께 제안하는 게 바로 '돌봄 국가로의 전환', 그 첫 번째 단계로서 인권 그 자체로서 돌봄이 실행되는 국가로의 전환이에요. 좀 더 구체적으로, 모두에게 적절한 분배와 동등한 인정이 동시에 이루어지는 곳, 그곳이 저는 '인권 그 자체로서 돌봄'이 실행되는 국가라고 생각해요. 돌봄이란 그 활동에 대한 적절한 분배 없이, 더 나아가 돌봄의 대상에 대한 동등한 인정 없이는 제대로 이루어질 수 없는 활동이기 때문이죠. 돌봄 그 자체가 인권을 보호하는 활동으로서 공적인 가치를 인정받고, 그 공적 가치에 대한 보상이 다양한 제도를 통해 이루어지고, 적정한 보상을 받는 활동으로써 돌봄이 널리 퍼진 사회적·문화적 가치가 되는 곳, 그래서 돌봄 그 자체가 안정적인 삶의 기반이 되는 곳. 그런 국가로의 전환이 필요하다고 제안해요.

아쉽지만, 이런 돌봄 국가로의 전환이 '구체적으로' 어떻게 가능할지는 이 책의 주제가 아니에요. 이 책의 목적은 1장에서 이미 밝혔듯이 '확장된 돌봄 국가'로 전환이 왜 필요한지, 그 배경을, 그 이유를 여러분과 나누는 거였어요. 만약 우리가 그 배경을 이해하고, 이유를 받아들일 수 있다면, 그 구체적인 전환이 어떻게 가능한지에 대해 서로 이야기를 시작할 수 있을 거예요.

누군가는 '확장된 돌봄 국가로의 전환'이 가능한 일인지 물을 수도 있을 거예요. 인간은 결국 자신의 안녕만을 추구하는, 대체로 이기적인 존재라면서 말이죠. 여기에서 저는 폴란드 출신 사회학자 지그문트 바우만(1925~2017)이 『행복해질 권리』에서 행복의 조건으로서 우리에게 던진 '선택의 문제'를 여러분과 나누어 보고 싶어요.

"(우리는) 나의 고유한 안녕을 돌보는 데 초점을 맞출지, 아니면 다른 사람들의 안녕을 돌보는 데 초점을 맞출지를 택해야 한다."

이 책에서 바우만은 확신해요. 우리는 여전히 다른 사람들의 안녕을 돌보는 데서 출발할 수 있다고. 다른 사람들의 얼굴에 비치는 나약함에 반응할 수 있는 능력이 있다고. 그렇다면 어떻게 그런 일이 가능할까요?

"'나와 너', '서로를 위해 사는 우리', '우리는 하나'라는 즐거움은 손에 잡히지는 않아도 너무도 현실적이고 압도적이다. '변화를 만드는' 즐거움은 여러분에게만 중요한 것이 아니다. 영향을 주고 흔적을 남기는 데서 오는 즐거움. 자신이 필요한 사람이고 대체 불가한 사람이라는 느낌이 주는 즐거움. 이는 몹시도 즐거운 감정이지만, 이런 감정을 느끼기는 매우 어렵다. 이런 감정은 외로이 자기만 걱정하고 편협하게 자기 창조, 자기주장, 자기 강화에만 관심을 집중할 때는 도저히 느낄 수도, 상상할 수도 없다. 이런 감정은 돌봄으로 가득한 시간이 켜켜이 쌓여야만 생긴다. 돌봄이야말로 애착과 일체감이라는 눈부신 캔버스를 만들어 내는 씨실과 날실이다."[53]

여러분은 어떤가요? 기후변화, 인구 감소, 디지털 격차 앞에서 확인할 수 있는 나와 타자의 나약함이 서로를 돌볼 힘이 될 수 있다는 생각이 드나요?

바우만은 이렇게 서로를 돌볼 때 진정으로 행복해질 수 있다고 말해요. 나의 안녕을 돌보는 일은 대체로 만족스럽지 못하고 불만에 시달리지만, "타인의 안녕을 보살피고 타인에게 '잘하면' '기분 좋은' 느낌도 강해질 뿐 아니라 보살피는 주체의 행복도 커진다."라고 말이죠. "이 경우, 이기심과 이타심 사이의 대립이 녹아 사라진다."라고 해요.[54] 개인적으로, 타인을 돌보는 일이 나의 행복, 다시 말해 나의 돌봄에 이르는 길이란 바우만의 말은 너무 설득력이 있다고 생각해요.

이제 이야기를 닫을 시간이 다가오네요. 이 이야기를 닫기 전에 '우리 기성세대'에게 부탁하고 싶은 말이 있어요. 무엇보다 지금 우리가 맞고 있는 현실에 가장 책임이 큰 건 저를 포함한 '우리 기성세대'예요. 우리도 황폐해진 세계를 물려받았을 뿐이라 변명할 수도 있겠죠. 하지만 해마다 그 이전에 없던 엄청난 양의 탄소를 배출하고 있는 이들은 '우리 기성세대'예요. 인구가 급감하는데도 제대로 대응조차 하지 못한 채 멍하니 바라보고만 있는 이들도 '우리 기성세대'예요. 전례 없는 기술의 발전 속에 이전에 없던 격차를 그대로 내버려두고 있는 이들도 '우리 기성세대'예요. 책임지지 않은 걱정은 위선이고, 자신이 한 행위에 대해 걱정조차 않는 건 그 자체로 '해악'이나 다름이 없어요. 이제 우리가 물려받은 잘못된 유산에 맞서, 우리가 내버려둔 현실을 바로 잡기 위해 어떻게든 행동해야 할 때예요. 그 책임에서 우리가 도망치지 않았으면 해요.

다음으로 '우리 미래 세대'에게 사과하고 싶어요. 제가 기성세대를 대표하는 건 아니지만, '미안하다고, 미안하다고, 미안하다고' 말이에요. 분명 여러분 대다수는 어른들이 무책임하다고 여길 거예요. 망가진 세계를 물려주면서 "이것은 옳다!", "저것은 그르다!" 잔소리만 해대는 게 어른들이라고 말이죠. 하지만 생각보다 여러분 모두의 미래를 걱정하는 어른이, 여러분의 이야기를 듣고 여러분이 결정할 수 있도록 지지하고 싶은 어른이 곳곳에 많이 있어요. 어른들을 불신하는 대신 여러분이 짓고 싶은 세계를 함께 지어 가는 동반자로 여기면 어떨까요? 그래서 '우리 기성세대'와 '우리 미래 세대'가 두 쪽으로 '갈라진 마음'이 아니라 '서로를 이해하는 마음'이 되었으면 해요. 그래야 새로운 이야기를 시작할 수 있지 않을까요?

철학자 한나 아렌트는, 인간만이 지닌 놀라운 능력이 하나 있다고 해요. 바로 새롭게 시작할 수 있는 능력이죠. 아렌트는 이 능력을 '자유'라고 불러요. 자유로운 존재란 새롭게 시작할 수 있는 존재란 뜻이죠. 또한, 이런 자유의 능력을 발휘해 새롭게 시작하는 일을 '혁명'이라 불러요. 아렌트의 표현을 빌려서 표현해 보자면, 우리가 앞으로 시도할 '확장된 돌봄으로 새로운 세계를 짓는 일'은 '나와 타자, 나와 지구를 위한 돌봄 혁명'이 될 거예요.

자, 이제 능력 있는 자가 능력 없는 자를 보살핀다는 능력주의의 세계관에서 벗어나 기후변화, 인구 감소, 디지털 격차에 맞서기 위해 '확장된 돌봄 국가'로 가자는, 나와 지구를 위한 돌봄 혁명을 다른 사람들과 함께 이야기할 준비가 되었나요?

저는 이 책에서는 미뤄 둔, '어떻게 확장된 돌봄 국가로 전환할 수 있는지'에 대한 구체적인 이야기를 들고 여러분을 다시 찾아올게요!

주

케임브리지 사전에 나온 care에 대한 정의의 원문은 다음과 같다. "the process of protecting someone or something and providing what that person or thing needs."

Claire Cameron & Peter Moss, 『Care Work in Europe: Current Understandings and Future Directions』(Routlege, 2007), p.53.

Cameron & Moss, 『Care Work in Europe』, p.53.

Mary Daly, 2002, "Care as a Good for Social Policy", 「Journal of Social Policy」, Vol. 31, Issue 2, p.252.

우리나라에선 대표적으로 김영옥과 류은숙이 쓴 『돌봄과 인권』(코난북스, 2022)이 있다. 김영옥과 류은숙은 돌봄과 인권을 결합하여 '돌봄권'을 제시한다.

"굶으며 버티는 청춘… 청년 37% "돈 없어 끼니 거른 적 있어." 「동아일보」(2019.4.19.). 동아일보와 잡코리아가 2023년 3월 20~29세 청년 607명을 대상으로 설문한 결과에 나온다.

돌봄과 정치와의 관계에 대해서 자세히 볼 수 있는 참고문헌은 조안 C. 트론토, 김희강·나상원 옮김, 『돌봄 민주주의』(박영사, 2021)이 있다. 원서 Caring Democracy는 2013년 뉴욕대학교 출판부에서 출간되었다.

John Abraham, "We study ocean temperatures. The Earth just broke a heat increase record", 「The Guardian」(2022.1.11.)

WMO, 「WMO Global Annual to Decadal Climate Update 2024~2028」(2024), p.2.

피터 프랭코판, 이재황 옮김, 『기후변화 세계사』(책과 함께, 2023), p.537.

전국지리교사연합회, 『살아 있는 지리교과서 1』(휴머니스트, 2011), p.141.

12 이 시기의 기근과 관련해선 프랭코판, 『기후변화 세계사』, 17장을 참고하라.

13 많은 언론과 기관이 이 두 사례를 기후 정의의 문제에서 다루었다. 대표적으로 Lisa Cox, "Indian Ocean system that drives extreme weather in Australia likely to worsen with global heating", 『Guardian』(2020.3.9.); UN, "Pakistan floods a 'litmus test' for climate justice says Guterres", 『UN News』(2023.9.27.) 등이 있다. 우리나라에선 tvN에서 방영된 '벌거벗은 세계사' 75회에서 이 사례를 매우 잘 다루고 있다. 하지만 이 문제를 기후 정의의 차원에서 분석하지는 않았다.

14 김지석, "호주 산불은 꺼졌지만, 기후변화는 현재진행형", 『그린피스』(2020.3.9.), 김향미, "호주 산불로 코알라 6만 마리가 숨졌다", 『경향신문』(2020.12.8.)

15 고재원, "호주 산불, 기후변화가 원인이었다", 『동아사이언스』(2021.4.5.)

16 ReliefWeb, 『2019: Natural disasters claim more than 1200 lives across East and Southern Africa』(2019.12.2.)

17 유엔세계식량계획, 『대한민국, 메뚜기떼 피해 지역에 복구 지원으로 희망 퍼뜨린다』(2020.8.5.)

18 파키스탄 사례에 대한 구체적 내용은 온라인 브리태니커의 정보를 기반으로 재구성하였다. 『Pakistan floods of 2022』, 『Britannica』(https://www.britannica.com/event/Pakistan-floods-of-2022)

19 Chi-Cherng Hong, et al., "Causes of 2022 Pakistan flooding and its linkage with China and Europe heatwaves", npj Climate and Atmospheric Science, p.163. (2023)을 보라.

20 이선옥, "시간당 100㎜ 극한 호우, 이제 일상이 되나", 『BBC 코리아』(2024.7.20.)

21 오세진, "'슈퍼리치'로 불리는 상위 1%의 온실가스 배출량은 1인당 101t", 『한겨레21』(2024.10.18.); 장수현, "온실가스 0.4% 배출한 파키스탄, 기후재앙으로 가장 크게 울었다", 『한국일보』(2022.9.4.)

22 'Africa Energy Outlook 2022'(https://africa-energy-portal.org/reports/africa-energy-outlook-2022)

23 남종영, "한국, 누적 탄소 배출량 세계 17위… 더는 "억울하다" 못한다", 『한겨레』(2022.

11.4.)

24 Monica Crippa, 『CO₂ emissions of all world countries』(European Commission, 2022), pp.2~12.

25 Mira Alestig, 『Carbon Inequality Kills』(Oxfam, 2024), p.12.

26 존 C. 머터, 장상미 옮김, 『재난불평등-재난은 왜 약자에게 더 가혹한가』(동녘, 2020)

27 윤연정, "반지하 '폭우 참변' 10개월… 물막이판 설치 22%뿐", 「한겨레」(2023.6.12.)

28 제프 구델, 왕수민 옮김, 『폭염 살인』(웅진지식하우스, 2024), p.35.

29 Wim Thiery, et al., 「Intergenerational Inequities in Exposure to Climate Extremes: Young generations are severely threatened by climate change」 in 『Science』, Vol. 374, Issue 6564(Sep 2021): pp.158~166.

30 오병호, "기후변화가 낳은 우울증, 혼자 짊어지지 말아요", 「한겨레」(2024.6.19.); 정형진, "심리적 행복을 위협하는 날씨-기후 우울증", 「정신의학신문」(2024.10.30.); 클레이튼 페이지 알던, 김재경 옮김, 『내 안에 기후 괴물이 산다: 기후변화는 어떻게 몸, 마음, 그리고 뇌를 지배하는가』(추수밭, 2024)를 보라.

31 Horim A Hwang, et al., 「Association between increase in temperature due to climate change and depressive symptoms in Korea」 in Journal of 『Affective Disorders』, Vol. 367.(Dec. 2024): pp.479~485.

32 Lorraine Whitmarsh, et al., 「Climate anxiety: What predicts it and how is it related to climate action?」 in Journal of 『Environmental Psychology』, Vol. 83.(2022.8.)를 보라.

33 박영삼, "'박영삼의 통계로 보는 노동' 탄소배출 세계 7위 한국, 기후변화를 어떻게 인식할까?", 「매일노동뉴스」(2023.9.15.)

34 제프 구델, 『폭염살인』, p.9.

35 김은빈, "기록적 폭염에 온열질환자 속출… 3년 새 2.6배 증가", 「쿠키뉴스」(2024.9.13.)

36 Earth4All, "Global population could peak below 9 billion in 2050s" (2023.3.27.)

37 황정환·정영효, "25만명 엑소더스… 산업도시가 무너진다", 「한국경제」(2025.1.8.)

38   서한기, "국민연금 월평균 노령연금액··· 남성75만 6천원, 여성39만원", 「연합뉴스」 (2024.4.15.)

39   김지원, "한국 비혼 출생 4.7%로 역대 최고 찍었지만··· OECD는 42% 육박", 「조선일보」(2024.8.29.)

40   한경진, "16兆 들여 난민 100만명 품는 獨··· 제2 '라인강의 기적' 꿈꾼다". 「조선일보」(2015.9.21.)

41   클라우스 슈밥, 『클라우스 슈밥의 제4차 산업혁명』(메가스터디북, 2016)을 참조하라.

42   「NABO 경제·산업동향&이슈」(제19호)(국회예산정책처, 2021), pp.103~104.

43   강주형, "SNS 연결에도 젊은이, 노인보다 외로워", 「한국일보」 (2023.11.1.)

44   송진원, "구글 "주 3회 의무 출근"··· 재택근무와 싸우는 미국 기업들," 「연합뉴스」 (2023. 6.8.); 노유정, "머스크 "사무실 출근 안할 거면 퇴사해"··· 재택근무 논쟁 불지펴", 「한국경제」(2022.6.2.); 박병수, "아마존, 재택근무 모두 없앤다··· 내년부터 주 5일 출근", 「한겨레」(2024.09.17.).

45   케이트 크로퍼드, 노승영 옮김, 『AI 지도책』(소소의 책, 2022), 1장을 참조하라.

46   강나루, "[특파원 eye] 전자제품 쓰레기, 가나를 점령하다", 「KBS 뉴스」(2015.5.30.)

47   흔히 온실가스 배출량과 탄소 배출량을 동일한 의미로 쓰지만, 탄소 배출량은 주로 이산화탄소 배출량을 의미하는 말이다. 이산화탄소는 온실가스의 한 종류이다. 온실가스는 이산화탄소 뿐 아니라 메탄, 아산화질소, 수소불화탄소, 과불화탄소, 육불화황 등을 포함한다.

48   변희원, "챗GPT에 질문하면··· 구글 검색 10배 전기 사용", 「조선일보」(2024.4.24.)

49   Leonardo Nicoletti, Michelle Ma & Dina Bass, "AI is draining water from areas that need it most" 「Bloomberg」(2025.5.8.)

50   연유진, "[다보스포럼]"AI가 '디지털 난민' 양산 우려··· 리더, 미래 불안 해소책 제시해야", 「서울경제」(2017.1.18.)

51   김용원, "빅테크 AI 투자에 화석연료 의존 높여, 재생에너지 대안으로 '탄소포집' 주목", 「비즈니스 포스트」(2025.2.23.)

52 https://globescan.com/2022/09/16/forty-percent-cite-effects-of-climate-change-deterrent-having-children/

53 지그문트 바우만, 『행복해질 권리』(21세기 북스, 2025), p.47.

54 바우만, 『행복해질 권리』, p.204.